essentials

Essentials liefern aktuelles Wissen in konzentrierter Form. Die Essenz dessen, worauf es als „State-of-the-Art" in der gegenwärtigen Fachdiskussion oder in der Praxis ankommt. Essentials informieren schnell, unkompliziert und verständlich

• als Einführung in ein aktuelles Thema aus Ihrem Fachgebiet
• als Einstieg in ein für Sie noch unbekanntes Themenfeld
• als Einblick, um zum Thema mitreden zu können

Die Bücher in elektronischer und gedruckter Form bringen das Expertenwissen von Springer-Fachautoren kompakt zur Darstellung. Sie sind besonders für die Nutzung als eBook auf Tablet-PCs, eBook-Readern und Smartphones geeignet.

Essentials: Wissensbausteine aus den Wirtschafts, Sozial- und Geisteswissenschaften, aus Technik und Naturwissenschaften sowie aus Medizin, Psychologie und Gesundheitsberufen. Von renommierten Autoren aller Springer-Verlagsmarken.

John Erpenbeck • Werner Sauter

Wissen, Werte und Kompetenzen in der Mitarbeiterentwicklung

Ohne Gefühl geht in der Bildung gar nichts

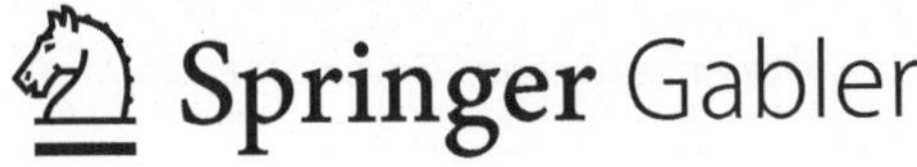

Prof. Dr. John Erpenbeck
Steinbeis Universität
Berlin
Deutschland

Prof. Dr. Werner Sauter
Blended Solutions GmbH
Berlin
Deutschland

ISSN 2197-6708
essentials
ISBN 978-3-658-09953-4
DOI 10.1007/978-3-658-09954-1

ISSN 2197-6716 (electronic)

ISBN 978-3-658-09954-1 (eBook)

Die Deutsche Nationalbibliothek verzeichnet diese Publikation in der Deutschen Nationalbibliografie; detaillierte bibliografische Daten sind im Internet über http://dnb.d-nb.de abrufbar.

Springer Gabler

Gedruckt auf säurefreiem und chlorfrei gebleichtem Papier

Springer Fachmedien Wiesbaden ist Teil der Fachverlagsgruppe Springer Science+Business Media
(www.springer.com)

Kompetenzen – das große Missverständnis

Handeln lernt man durch Handeln.
Diethelm Wahl[1]

Die gedankliche Verkürzung des Lernens auf die Aneignung von Sach- und Fachwissen, von Fertigkeiten und Qualifikationen ist eine folgenschwere Bürde für unser heutiges Lern- und Zukunftsverständnis. Sie entstand im großen Umfang mit der hoch arbeitsteiligen industriellen Produktion in der zweiten Hälfte des 19. Jahrhunderts und mit der „Zurichtung" des Menschen für diese Produktion, als Rädchen im industriellen Getriebe, bis hin zum Handgriffautomaten im Taylorismus. Trotz aller reformpädagogischen Bestrebungen, aller wahrlich kompetenzorientierten Ansätze der Montessori und Co. blieb dieses verkürzte Lernverständnis lange, ja weitgehend bis heute erhalten: Der Lehrer[2] füttert die Lernenden mit Wissensbröckchen bis zur Übersättigung; vieles davon wird unverdaut ausgeschieden, einiges davon als Wissensspeck abgespeichert. Auf Vorrat, sozusagen. Dieses „Bulimie-Lernen" beherrscht die schulische und universitäre Bildung weitgehend bis heute. Die eigentliche Handlungsfähigkeit erwerben Schüler und Studenten ganz anders und weitgehend woanders: In der Freizeit, in der Familie, im Freundeskreis, im Verein oder im Ehrenamt, vor allem aber später – im Prozess der Arbeit selbst. Auch in der betrieblichen Bildung finden wir häufig diese Verzerrung.

Doch es gab und gibt eine Gegenbewegung. Seit den siebziger Jahren, verstärkt seit den neunziger Jahren des vorigen Jahrhunderts, wurde immer deutlicher, dass informationelles Wissen als Vorratsspeck für künftiges Handeln nicht ausreicht.

---

[1] http://www.prof-diethelm-wahl.de.

[2] Der Inhalt der vorliegenden Publikation bezieht sich in gleichem Maße auf Frauen und Männer. Aus Gründen der besseren Lesbarkeit wird jedoch die männliche Form für alle Personenbezeichnungen gewählt. Die weibliche Form wird dabei stets mitgedacht.

Die immer schneller ablaufenden kulturellen, politischen und ökonomischen Prozesse, die zunehmenden Regionalisierungs- und Globalisierungsprozesse erfordern Fähigkeiten zu einem kreativen und wirkungsvollen Handeln auch da, wo keine zureichenden Informationen vorhanden und zeitnah zu erwarten sind. Sie fordern von den Handelnden hohen persönlichen Einsatz, große Aktivität, lebendiges, handlungsverwobenes, fachlich-methodisches Wissen und ausgeprägte sozial-kommunikative Anstrengungen. In der Tat bauen die größten Unternehmen Deutschlands, wie Airbus, Bosch, Daimler, Porsche, Audi, E.ON, Telekom, Siemens, Deutsche Bahn, Deloitte, Munich Re, Salzgitter, Bundesagentur für Arbeit und andere heute auf unternehmensspezifischen Kompetenzmodellen auf.

Zunehmend müssen aber auch Exzesse und Stilblüten der Kompetenzorientierung festgestellt werden. So werden in den Lehrplänen für Schweizer Schulen bis zu 4.500 Kompetenzen dargestellt und bewertet. Eine solche Zerhackstückelung des Wissens, eine Vermischung von tausenden mikrologisch getrennten Wissens-Kleinportionen, Fertigkeiten und einigen Handlungsfähigkeiten (Kompetenzen) unter dem allgemein gebrauchten „Oberbegriff Kompetenzen" ist bedenklich, führt vom problemlösungsorientierten Kompetenzbegriff weg und zu einer (verschwommenen) Begriffsbeliebigkeit. Diese Beliebigkeit, ja Übertreibung eines Begriffes, sieht man heute auch bei dem Begriff „Skill". Ursprünglich als „Fertigkeit" (*nicht Fähigkeit*) übersetzt, steht er heute im Internet für dutzende bis zu 120 untergeordnete Begriffe wie: Wissen, Kenntnisse, Kompetenzen, Qualifikationen etc. und sagt somit nichts Konkretes mehr aus.

Zwischenzeitlich ist der „kompetente Säugling" Gegenstand der Erziehung, auch findet sich kaum mehr eine Hochschule, die keine Kompetenzziele definiert hat, die aber meist nicht mehr als leerformelhafte Legitimationsfloskeln sind.[3] Alle Schulen werden der PISA-Pervertierung des Kompetenzbegriffes unterworfen. An den PISA-Verantwortlichen und -Befürwortern sind drei Jahrzehnte breite Kompetenzforschung, z. B. im Forschungsprojekt QUEM[4], sowie 20 Jahre intensiven Bemühens der EU um die Durchsetzung der Einheit von Wissensvermittlung und Kompetenzentwicklung, völlig spurlos vorbeigegangen.

Die EU entwickelte zum Beispiel im Memorandum 2000 (Lebenslanges Lernen) in der Europäischen (Kompetenz-)Biografie in allen Sprachen der EU-Mitgliedsländer und in der neuerlichen Orientierung auf acht Europäische Qualifikationsstufen (EQF) die Auffassung von der unlösbaren Einheit von Wissen, Fertigkeiten und Kompetenzen beständig weiter. Letztere werden seit der Mitte der 1990er-Jahre als *Handlungsfähigkeiten* bezeichnet, als Voraussetzung für die selbstorganisier-

---

[3] Sander (2013, S. 7).

[4] Vgl. http://www.abwf.de/main/publik/frame_html.html.

te Bewältigung neuer, komplizierter Lebensanforderungen, als Voraussetzung zum individuellen Bestehen in Veränderungsprozessen. Und es werden in Verbindung mit Wissenserwerb solche unabdingbar zu fördernden Fähigkeiten genannt wie Offenheit für Veränderungen, Problemlösungsfähigkeit, Innovationsfähigkeit, Lernfähigkeit, Gestaltungsfähigkeit, Verantwortungsfähigkeit, Selbstmanagement, Kommunikationsfähigkeit und die Fähigkeit, neuestes Fachwissen selbstständig zu erwerben und zur Bewältigung neuer Anforderungssituationen einzusetzen.

Der Paradigmenwechsel, zumindest in der betrieblichen Bildung, den wir gerade erleben, erfordert es, die Begriffe, die wir nutzen, klar zu definieren. Der Vergleich von Äpfeln und Birnen führt uns nicht weiter. Es hat sich im betrieblichen Bildungsbereich durchgesetzt, Fähigkeiten zum selbstorganisierten, kreativen Handeln unter Unsicherheit, in eine offene Zukunft hinein, als *Kompetenzen* zu bezeichnen. Dementsprechend sind profilierte personale, aktivitätsbezogene, fachlich-methodische und sozial-kommunikative Kompetenzen zur Bewältigung dieser Zukunft gefragt. Kern dieser Kompetenzauffassung ist, dass jedes Wissen „an sich" emotional durchdrungen, emotional „imprägniert" werden muss, um zu Wissen „für uns", um damit zu Kompetenz zu werden. Treiber dieser emotionalen Imprägnierung können Begeisterung, Interesse, Neugier, Angst und vieles mehr sein – aber nirgends und nie werden Kompetenzen als „formale Fertigkeiten" verstanden, die an beliebigen Inhalten erworben werden können.

Wir müssen uns auch Gedanken darüber machen, wie zukunftsnotwendige Kompetenzen handlungswirksam zu vermitteln sind. Der Begriff des Kompetenzlernens könnte Falsches assoziieren: Dass man Kompetenzen wie Wissen weitergeben, auch sie als Wissensbröckchen verfüttern könne. In Wahrheit ist die Aneignung von Kompetenzen mit der sogenannten Interiorisation[5], von Regeln, Werten und Normen zu eigenen Emotionen und Motivationen verbunden. Das geschieht nur im unmittelbaren geistigen oder körperlichen Handeln, unter der Notwendigkeit, Widersprüche, Konflikte, Verunsicherungen auszuhalten, die dadurch entstehenden Dissonanzen[6] und Labilisierungen[7] schöpferisch zu verarbeiten und so zu neuen Emotionen und Motivationen zu gelangen. Regeln, Werte und Normen bilden die Kerne von Kompetenzen. Werden sie interiorisiert – während zugleich das notwendige Sachwissen erworben wird – sprechen wir von Kompetenzentwicklung.

---

[5] Emotional-motivationaler Prozess der Aneignung bzw. Verinnerlichung von Werten, auch Internalisation genannt.

[6] Innere Widersprüche, Erfahrungen und Informationen, die zur persönlichen Einstellung bzw. zu getroffenen Entscheidungen im Widerspruch stehen.

[7] Im emotionalen Sinne Erleben und Bewältigen von Dissonanzen. Zweifel, Widersprüchlichkeit oder Verwirrung werden aufgelöst; es entstehen neue Lösungsmuster.

Kompetenzentwicklung findet immer im Kontext der Lebens- und Arbeitswelt statt. Deshalb gewinnen Instrumente aus dem Bereich der Social Software im privaten und beruflichen Bereich auch im Lernbereich eine zunehmende Bedeutung. Wir analysieren deshalb auch das Software-Instrumentarium des Web 2.0 aus Kompetenzsicht. Basishypothese ist dabei unsere Erkenntnis, dass im Gegensatz zu den traditionellen E-Learning-Instrumenten, die vornehmlich zur Vermittlung von Sachwissen und Informationen taugen, Instrumente des Web 2.0 sich hervorragend zum Kompetenzaufbau eignen.

Man kann den Menschen nichts lehren, man kann ihm nur helfen, es in sich selbst zu finden, wusste schon Galileo Galilei. Diese Einsicht verdichteten moderne Menschenbildner zum Grundprinzip der Ermöglichungsdidaktik.[8] Alle von uns vorgeschlagenen Verfahrensschritte haben einen solchen Ermöglichungscharakter. Sie setzen, wie es Immanuel Kant formulierte, „Bedingungen der Möglichkeit von Erfahrung" und versuchen nicht, Erfahrungen und Kompetenzen wissensförmig weiterzugeben.

Wissen ist keine Kompetenz.[9]

Wer heute Wissen von Handlungsfähigkeiten im Bildungsprozess trennt, gehört nach unserer Auffassung einer vergangenen Spezies an. Wer hingegen von einer *ganzheitlichen* Aus- und Weiterbildung ausgeht, von der Einheit von Theorie *und* Praxis, von der Entwicklung von Wissen, Fertigkeiten *und* Handlungsfähigkeiten, vom persönlichen Charakter des Lehrens *und* Lernens ist auf dem Weg in die Zukunft.[10]

Berlin, im April 2015   John Erpenbeck
                                                                            Werner Sauter

---

[8] Vgl. Arnold (2013).

[9] Arnold und Erpenbeck (2014).

[10] Vgl. Brinker (2014, S. 213–234).

Inhaltsverzeichnis

Vom Wissen zur Kompetenz

Wissen, Qualifikation und Kompetenz werden im alltäglichen Sprachgebrauch oftmals gleichbedeutend verwendet. Fertigkeiten, Wissen im engeren Sinne oder Qualifikationen sind notwendige Voraussetzungen, nicht jedoch das Ziel der Mitarbeiterentwicklung. Letztendlich zählt die Fähigkeit, Herausforderungen in der Praxis selbstorganisiert zu bewältigen und effektiv zu handeln.

Es gibt dabei keine Kompetenzen ohne Wissen im engeren Sinne und Fähigkeiten sowie Qualifikationen. Wissen und Qualifikation sind aber keine Kompetenzen. Sie bilden lediglich die notwendige Voraussetzung für den Kompetenzaufbau (Abb. 1.1).

Deshalb untersuchen wir diese Begriffe im Folgenden in Hinblick auf die Gestaltung von Lernprozessen.

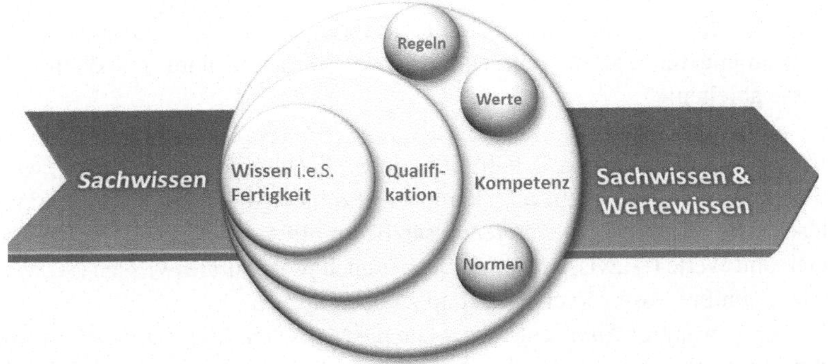

Abb. 1.1 Vom Wissensaufbau zur Kompetenz

© Springer Fachmedien Wiesbaden 2015
J. Erpenbeck, W. Sauter, *Wissen, Werte und Kompetenzen in der Mitarbeiterentwicklung,* essentials, DOI 10.1007/978-3-658-09954-1_1

1.1 Wissen und Qualifikation

Der Begriff „Wissen" wird von Wissenschaftlern, Pädagogen, Führungskräften oder Politikern und Philosophen sehr unterschiedlich definiert.[1]

1.1.1 Wissen

Häufig wird die Definition der Europäischen Kommission zitiert:

> Wissen ist die Kombination von Daten und Informationen, unter Einbeziehung von Expertenmeinungen, Fähigkeiten und Erfahrungen, mit dem Ergebnis einer verbesserten Entscheidungsfindung. Wissen kann explizit und/oder implizit, persönlich und/oder kollektiv sein.[2]

Der Wissensbegriff, den die Europäische Kommission benutzt, umfasst folgende Bereiche:

- *Daten:* In erkennungsfähiger Form dargestellte Elemente einer Information.
- *Informationen:* Daten, die in einem bestimmten Kontext, z. B. einer Organisation oder in einem Prozess, miteinander verknüpft sind.
- *Sachwissen, Methodenwissen und Kenntnisse.*
- *Kerngegenstände der Logik:* Begriffe oder Aussagen.

Wichtig für die Entwicklung von Lernkonzeptionen ist die Unterscheidung von Wissen im engeren und im weiteren Sinne, da sich daraus unterschiedliche Lernprozesse ableiten:

- *Wissen im engeren Sinne,* d. h. Informations-, Fach- und Sachwissen (= „wissen was"), reicht sicher nicht aus, komplexe Problemstellungen in der Praxis zu lösen. Die Mitarbeiter benötigen zusätzlich motivatorisches Wissen, wie Normen und Werte (= „wissen warum"), aber auch prozedurales Wissen (= „wissen wie"), um Prozesse zu verstehen und zu beeinflussen.
- *Wissen im weiteren Sinne* entsteht, wenn die Menschen Informationen wahrnehmen, bewerten und mit subjektiven Erfahrungen in Beziehung setzen.[3] Im wei-

---

[1] Vgl. unsere ausführliche Darstellung in Erpenbeck und Sauter (2007).

[2] European Commission, Directorate (2004).

[3] Vgl. Fraunhofer ISST (1998).

teren Sinne wird das Wissen deshalb um Regeln, Werte, Normen, Kompetenzen und Erfahrungen, aber auch Emotionen und Motivationen erweitert: „… Kurz, das Gesamtwissen eines Lebewesens besteht in dem, was es gelernt hat. Und das Wissen einer Spezies besteht in der Gesamtheit alles dessen, was sich ihre Angehörigen zu Eigen gemacht haben."[4]

Wissen kann nicht einfach übertragen werden; es muss im Gehirn eines jeden Lernenden neu geschaffen werden.[5] Wissen lässt sich deshalb nicht „vermitteln", nicht einfach weitergeben, wie es so häufig formuliert wird, es sei denn, man glaubt an die Wirksamkeit des Nürnberger Trichters. Dagegen kann Wissen aber durch die Lerner selbstorganisiert aufgebaut werden.

1.1.2 Qualifizierung

Qualifikationen sind handlungszentriert und in der Regel so eindeutig zu fassen, dass sie in Zertifizierungsprozeduren außerhalb der Arbeitsprozesse überprüft werden können.[6]

Qualifikationen bezeichnen klar zu umreißende Komplexe von Wissen im engeren Sinne, Fertigkeiten und Fähigkeiten, über die Personen bei der Ausübung beruflicher Tätigkeiten verfügen müssen, um anforderungsorientiert handeln zu können.

In diesem Rahmen sind weiter folgende Begriffe von Bedeutung.

- *Fertigkeiten* bezeichnen durch Übung automatisierte Fähigkeiten, in beruflichen Anforderungsbereichen, die stereotyp sind. Fertigkeiten im kognitiven Bereich sind z. B. Sprechen, Lesen oder Rechnen. Sie sind handlungszentriert und werden in Abhängigkeit von Begabung und Talent, insbesondere aber auch von Übungen und auf der Grundlage bereits erworbener Fertigkeiten, Kenntnisse und Erfahrungen individuell aufgebaut.
- *Fähigkeiten* bezeichnen verfestigte Systeme verallgemeinerter psychophysischer Handlungsprozesse.[7] Sie erfordern psychische Bedingungen und persönliche Eigenschaften von Menschen.

---

[4] Vgl. Bunge und Ardila (1990).

[5] Vgl. Roth (2011).

[6] Vgl. Teichler (1995).

[7] Vgl. Hacker (1973).

Qualifikationen sind keine Kompetenzen, bilden aber eine wesentliche Vorausset-
zung dafür.

Häufig wird der Anspruch erhoben, z. B. von vielen Business Schools, mit Qua-
lifikationsmaßnahmen Kompetenzen zu entwickeln. Jedoch ist es nicht möglich,
mit noch so komplexen Fallstudien oder Planspielen Kompetenzen aufzubauen,
da in diesen Lernszenarien keine realen Herausforderungen zu bewältigen sind.
So können in Rollenspielen sehr wohl Strategien und Techniken trainiert werden.
Kompetenzen zur Führung von schwierigen Gesprächen werden sich aber erst
dann entwickeln, wenn die Erfahrungen aus vielen realen, emotional beladenen
Gesprächen verinnerlicht werden.

1.1.3 Wissensmanagement

Wissen im engeren und im weiteren Sinne ist die wesentliche Voraussetzung für
Kompetenzentwicklungsprozesse. Auch das Wissensmanagement kann wie das
Wissen selbst in einem engeren und einem weiteren Sinne definiert werden. Dies
hat Konsequenzen für die jeweiligen Lernprozesse.[8]

Wissensmanagement im engeren Sinne ist Informationsmanagement. Dabei
werden unternehmensrelevante Informationen durch Experten den meist passiven
Nutzern des Systems, z. B. Mitarbeitern und Führungskräften, zur Verfügung ge-
stellt.

Die Idee des Wissensmanagements im engeren Sinne hat nach einem euphori-
schen Beginn zu Anfang der Neunzigerjahre ein langes Tal der Desillusionierung
durchschritten. Häufig waren die Wissensmanagementprojekte damals in starkem
Maße technikgetrieben, sodass der kulturelle Aspekt vernachlässigt wurde. Dies
hatte oftmals zur Folge, dass die Mitarbeiter die zentral geplanten Systeme nicht
nutzten, weil sie nicht bereit waren, ihr Wissen offen weiterzugeben.

Voraussetzung für den Kompetenzaufbau ist, dass sich Menschen elementare
kulturelle Inhalte, also Wissen im weiteren Sinne, erschließen. Für die Kompetenzentwicklung und das Kompetenzmanagement ist demnach der Wissensbegriff im
weiteren Sinne relevant, weil er auch Normen und Werte umfasst.

Wissensmanagement im weiteren Sinne ist kompetenzorientiert und umfasst
neben dem Wissen im engeren Sinne Werte, Regeln, Normen und Erfahrungen.
Hinzu kommen Gefühl, Intuition und Kreativität beim Umgang mit Information
und Wissen. Wissen wird mit Werthaltungen verknüpft.

---

[8] Vgl. Reinmann (2009).

Stand in der ersten Phase des Wissensmanagements die Wissensspeicherung und -verteilung im Vordergrund, gewinnen im Zuge der Entwicklung zur Enterprise 2.0 die Aspekte

- effiziente und zielorientierte Mitarbeiterkommunikation,
- bedarfsgerechter Wissenstransfer,
- Partizipation der Mitarbeiter und Schaffung einer offenen Unternehmenskultur,
- gesteigerte Wahrnehmung und Transparenz,
- erhöhtes Innovationspotenzial und Zukunftsfähigkeit

an Bedeutung. Nicht mehr die Wissensspeicherung, sondern der Wissensfluss kennzeichnet die aktuellen Wissensmanagementsysteme. Damit werden Wissensmanagementsysteme der zweiten Generation zu einer wesentlichen Voraussetzung für Kompetenzmanagementsysteme.

Im Rahmen von Kompetenzentwicklungssystemen besteht die Chance, *kompetenzorientiertes Wissensmanagement „bottom-up"* im Unternehmen durchzusetzen. Die Chancen dafür sind gut, weil die Mitarbeiter in überschaubaren Projekten und Kommunikationsbereichen den Nutzen der Weitergabe und der gemeinsamen Verarbeitung von Wissen erfahren. Damit bauen sie in diesen Lernmaßnahmen schrittweise ihre persönlichen Blockaden gegen den Austausch von Wissen ab.

1.2   Werte und Wertaneignung

Werte sind etwas ganz Alltägliches und doch zugleich sehr Umstrittenes, ja Geheimnisvolles. Jeder Mensch wertet in nahezu jedem Augenblick seines Handelns. Er richtet sich, oft mehr ahnend als wissend, danach, welchen Genuss oder Nutzen, welches ethische Hochgefühl oder welche politische Bestärkung ihm sein Handeln zu vermitteln vermag. Ohne Werte wäre der Mensch nur ein wissensgesteuerter Automat.

Kompetenzkonflikte ergeben sich in der Regel nicht aus dem Gegeneinander von Menschen mit unterschiedlichen Kompetenzen, sondern von Menschen mit ähnlichen Kompetenzen aber ganz unterschiedlichen Wertvorstellungen. Das wird z. B. besonders häufig deutlich, wenn es um eine Unternehmensnachfolge geht.[9]

Der Begriff der Werte wird sehr vielfältig genutzt. Wir versuchen deshalb in diesem Abschnitt, zunächst ein breit akzeptierbares Wertverständnis aufzubauen,

---

[9] Vgl. Erpenbeck und Brenninkmeijer (2007).

bevor wir uns der zentralen „Drehscheibe" der Kompetenzentwicklung, der Wertaneignung (Interiorisation), zuwenden.

1.2.1 Wertverständnis

Es ist bis heute hoch umstritten, was Werte eigentlich „sind", auf welche Weise sie, von Einzelnen angeeignet, zu Motivationen ihres Handelns werden und wie sie umgekehrt, im Extremfall, ganze Nationen, Erdteile, ja die Menschheit zu bewegen vermögen.

Werte sind in vielen Unternehmen ausschließlich in der oberen Etage der normativen Leitlinien, Visionen und Grundsätze angesiedelt. Sie erscheinen als etwas Hehres, Entrücktes, aber auch schnell Veränderbares. Also auch als etwas, worauf man in der „niedrigen", alltäglichen Praxis nicht unbedingt zu achten braucht. Auch in unserem sonstigen Leben denken wir oft ausschließlich an hehre Ideale, wenn wir über Werte sprechen: eine saubere Umwelt, gute Entlohnung, Rechtssicherheit, soziale Sicherheit, Arbeit, Gesundheit, Partnerschaft, Demokratie, Freizeit, Bildung, Freunde, Wohlstand usw.

Eine solche Sicht ist aus zwei Gründen problematisch: Die substantivierte Form zeigt schon an, dass man sich solche Werte gleichsam als „Gegenstände", als etwas Objektives vorstellt. Um diese Frage wurde ein langer Kampf in der philosophischen Werttheorie geführt (Wertsubjektivismus kontra Wertobjektivismus)[10]. Heute besteht eine weitgehende Übereinstimmung darin, dass Werte immer eine Relation darstellen: Ein Subjekt, d. h. ein Mensch, eine Gruppe, ein Unternehmen oder eine Nation, bewertet ein Objekt, ein Ding, eine Eigenschaft, einen Sachverhalt oder eine Beziehung auf der Grundlage von früherem Wissen und früher angeeigneten Werten und anhand von sozial erarbeiteten Wertmaßstäben.[11] Produkte von so ablaufenden Wertungsprozessen sind Wertungsresultate – kurz: *Werte*.

Damit ist klar, dass Werte unser gesamtes Denken und Handeln durchdringen, dass es großer Anstrengungen bedarf, sie für bestimmte analytische und algorithmische Entscheidungsprozesse auszuschließen.

Davon ausgehend können wir einige Kernsätze formulieren, welche die Bedeutung von Werten umreißen, und ihre große Bedeutung für unser Verständnis von Kompetenzen sichtbar machen. Es sind dies:

---

[10] Erpenbeck (1984, S. 305 ff.).

[11] Vgl. Iwin (1975).

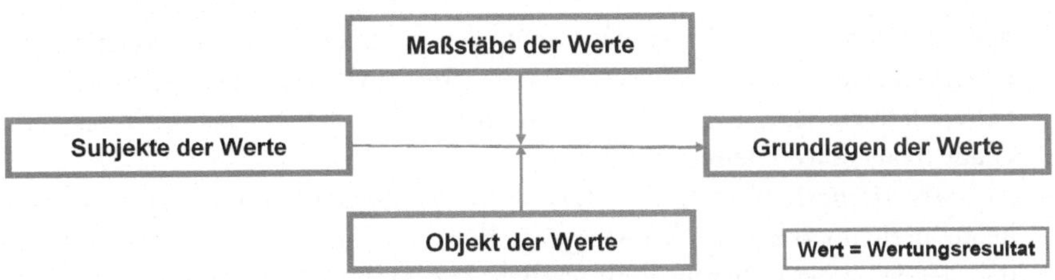

Abb. 1.2 Struktur der Werte. (Erpenbeck und Sauter 2007, S. 21)

- die allgemeinste Bestimmung von Werten:
  Werte sind Bezeichnungen dafür, „was aus verschiedenen Gründen aus der Wirklichkeit hervorgehoben wird und als wünschenswert und notwendig für den auftritt, der die Wertung vornimmt, sei es ein Individuum, eine Gesellschaftsgruppe oder eine Institution, die einzelne Individuen oder Gruppen repräsentiert."[12] Werte sind damit stets das geistig-symbolische Resultat von Wertungsprozessen (= Wertungen), also Wertungsresultate.
- *die Struktur von Werten:* Sie verknüpft das Beziehungsfeld Subjekt der Wertung, Objekt der Wertung, Grundlagen der Wertung (wozu auch alle Kenntnisse und bisherigen Werte gehören) und Maßstäbe der Wertung mit Prädikaten zu Wertaussagen (Abb. 1.2).[13]
- *die Fülle von Werten:* Wir knüpfen hier an die Feststellung an, jeder Mensch werte in nahezu jedem Augenblick seines Handelns, und stellen fest, dass zu dieser Fülle alle sprachlich gefassten oder sprachlich fassbaren Wertungsresultate gehören, die explizit Empfindungen, Gefühle, Wünsche, Vermutungen, Zweifel, Befürchtungen, Hoffnungen, Bedürfnisse, Interessen, Einstellungen, Meinungen, Haltungen, Ansichten, Überzeugungen, Vorurteile, Ablehnungen usw. enthalten. Sie können von einzelnen Menschen oder Menschengruppen (Individuen, Familien, Arbeitsgruppen, Gemeinschaften, Schichten, Klassen, Völkern, Nationen, Staaten usw.) hervorgebracht werden und sich z. B. auf die Wertung von Genuss (hedonistische Werte), Nützlichkeit (utilitaristische Werte), Schönheit (ästhetische Werte), Moral (ethisch-moralische Werte) oder Politik (politisch-weltanschauliche Werte) beziehen.
- *die grundlegende Funktion von Werten:* Sie besteht in der Ermöglichung von Handeln in einer unüberschaubaren, hochkomplexen, selbstorganisativen Welt. Die Zukunft ist objektiv offen. Von ihr sind unter keinen Umständen vollständige Kenntnisse zu gewinnen. Werte ermöglichen ein Handeln unter der daraus resultierenden prinzipiellen erkenntnismäßigen Unsicherheit. Sie „überbrücken"

---

[12] Baran (1990, S. 805).

[13] Vgl. Iwin (1975).

oder ersetzen fehlende Kenntnisse, schließen die Lücke zwischen Kenntnissen einerseits und dem Handeln andererseits. Sie haben zuweilen den Charakter extrapolativen Scheinwissens, abergläubischer Gewissheit. Das reicht bis zum Glauben als bewertetem Nichtwissen.

- *die systemische Erklärung von Werten:* Werte können besonders gut von den heute breit anerkannten Selbstorganisationstheorien, dem Konstruktivismus und der Synergetik, beschrieben werden. Die Synergetik fasst Werte als Ordnungsparameter (Ordner) individuellen und sozialen Handelns unter der dargelegten prinzipiellen kognitiven Unsicherheit.[14]

Erpenbeck und Brenninkmeyer haben mit WERDE© ein Messverfahren entwickelt, das vier Wertarten differenziert, die wiederum direkten Einfluss auf die Grundkompetenzen der Menschen haben:[15]

- (G) *Genusswerte* – als die handlungsleitenden Ordner, die den Wertenden dazu bringen, Handlungen zu bevorzugen, die ihm – physischen oder geistigen – Genuss verschaffen. Dabei kann es sich um das Genießen von Essen oder Kunst, aber auch von physischer Anspannung und Herausforderung handeln, es kann sich auf den Genuss am Denken, aber auch auf den Genuss freundschaftlicher oder anerkennender sozialer Kontakte bis hin zum „Bad in der Menge" beziehen.
- (N) *Nutzenswerte* – als die handlungsleitenden Ordner, die den Wertenden Handlungen bevorzugen lassen, die ihm Nutzen im weitesten Sinne versprechen. Dabei kann es sich um den Nutzen aus genialen Entdeckungen und Entwicklungen handeln, oder um ökonomischen Nutzen, um den Nutzen, den ein Erfinder aus seinem fachlichen und methodischen Wissen zieht oder um den Nutzen, der aus einer Organisation oder einem Beziehungsgeflecht zu ziehen ist.
- (E) *Ethische Werte* – als die handlungsleitenden Ordner, die dem einzelnen Wertenden Handlungen nahelegen, die das Wohl vieler oder aller Menschen ohne Ansehen der Person zum Handlungsanliegen machen. Sie sind also im Anspruch „ewige" Ordner „homogener" sozialer Organisation. Dabei kann es sich um ethisch hochstehende und als solche akzeptierte Personen handeln oder um ihr Wirken, ethische Grundsätze auch aktiv und praktisch durchzusetzen. Es kann um die Fähigkeit gehen, ethisches Verhalten wissenschaftlich zu begründen und methodisch weiterzugeben, oder aber um die Fähigkeit, sich ethischen Maßstäben folgend um viele Menschen zu kümmern, zu helfen, Gutes zu tun.

---

[14] Haken (1996, S. 588).

[15] Vgl. Erpenbeck und Brenninkmeijer (2007).

- (P) *Politische Werte* – als die handlungsleitenden Ordner, die Einzelnen oder Gruppen (Teams, Unternehmen, Organisationen, Gemeinschaften, Parteien, Bündnissen usw.) zu einem der aktuellen Struktur angepassten optimalen Verhalten bewegen. Dabei kann es sich auf einzelne bezogen um Menschen handeln, die durch ein großes „Charisma" andere zu einem solchen Verhalten bewegen, oder um Menschen, die durch große Aktivität solche Werte Wirklichkeit werden lassen. Sie können inhaltlich und systematisch durchdacht in Beratungsprozesse einfließen oder aber durch dazu fähige Menschen in unterschiedlichen sozialen Bezügen und Gremien kommuniziert werden.

Gleich starke Kompetenzen können auf grundlegend unterschiedlichen emotional-motivational verankerten Werthaltungen beruhen.

Es gibt kein kompetentes Handeln ohne Werte – Werte konstituieren kompetentes Handeln.

Wenn wir verstehen, wie Werte angeeignet werden, verstehen wir, wie Kompetenzen angeeignet werden. Wenn wir verstehen, wie Kompetenzen angeeignet werden, können wir beurteilen, welche Lernmethoden sich zu diesem Zweck besser und welche sich schlechter eignen. Das ist unser Ziel.

1.2.2   Wertaneignung

Werte lassen sich nicht instruktional vermitteln. Lydia Boshowitsch unterscheidet, anknüpfend an Bluma Zeigarnik, „bloß bekannte", gelernte und „unmittelbar wirksame" interiorisierte Werte.[16] Auch der Mörder weiß, dass man nicht töten darf. Jedem Kind bringen wir die Zehn Gebote, oder zumindest einige davon, in der einen oder anderen Form bei. Oft kann es diese auswendig hersagen. Deshalb hat es sich diese noch lange nicht angeeignet, zu Emotionen und Motiven seines eigenen Handelns gemacht.

Es ist wie mit den eigenen *Erfahrungen*. Dabei handelt es sich ebenfalls um Wissen im weiteren, emotions- und motivationsgestützten Sinne, das durch die Menschen in ihrem eigenen geistigen oder gegenständlichen Handeln selbst gewonnen wurde und unmittelbar auf einzelne Erlebnisse dieser Menschen zurückgeht. In diesem selbst Gewonnen- und unmittelbar Erlebtsein liegt ganz offenbar die bildungsrelevante Pointe der Erfahrung. Natürlich lassen sich Erfahrungen vermitteln – aber nur in Form von Wissen im engeren Sinne, von Kenntnissen, nicht als Erfahrungen desjenigen, dem sie vermittelt werden sollen.

---

[16] Boshowitsch (1970, S. 276).

Erfahrungen kann man nur selbst machen. Sie können nur selbsthandelnd, selbstorganisiert gewonnen werden.

Jedes selbst und unmittelbar gewonnene Wissen eines Menschen ist durch die in Lebens- und Erlebensprozessen vor sich gehende Ausbildung von Emotionen, Motivationen, Willensentscheidungen, Werten und individuellen Kompetenzen flankiert. Jeder von Gruppen, Unternehmen, Organisationen usw. erzielte Wissensgewinn ist von einer in Lebens- und Erlebensprozessen gegründeten Ausbildung von Werten, Normen, Regeln und überindividuellen Kompetenzen, beispielsweise Team-, Unternehmens- oder Organisationskompetenzen, begleitet. Erfahrungen sind stets Komplexe von Wissen und Werten, zu eigenem Gedächtnisbesitz und zu eigenen Emotionen und Motivationen „verinnerlicht". „Erfahrung nennt die Subjektivität des Subjekts",[17] heißt es kurz und bündig bei Heidegger.

Auch Werte werden durch die Menschen in ihrem eigenen geistigen oder gegenständlichen Handeln *selbst* angeeignet und gehen *unmittelbar* in die einzelnen Erlebnisse dieser Menschen ein. Auch bei ihnen lässt sich nur das den Werten zugrunde liegende Wissen im engeren Sinne, lassen sich nur die begründenden Kenntnisse vermitteln, aber nicht als Werte für denjenigen, dem sie vermittelt werden sollen.

Werte können nur selbsthandelnd, selbstorganisiert angeeignet werden.

Dieser Aneignungsprozess wird psychologisch als Interiorisation (oft auch Internalisation) bezeichnet.

Es gibt drei Bereiche, in denen man aus unterschiedlichen Gründen Interiorisationsprozesse von Werten untersucht:

- Die *Emotions- und Motivationspsychologie* analysiert generell, wie Emotionen und Motivationen in Wertungsprozessen entstehen, gedächtnismäßig verankert und im Handeln wirksam werden.
- Die *Psychotherapieforschung* behandelt die verschiedenen Therapieformen zugrunde liegenden Prozesse als emotional-motivationales „Umlernen" von Wertungen.
- Beschreibungen von *Gruppendynamik* schildern die emotional-motivational wertenden Veränderungen der Gruppenmitglieder innerhalb dynamischer Gruppenprozesse.

Die Darstellungen in allen drei Bereichen weisen zentrale strukturelle *Gemeinsamkeiten* auf, welche uns ermöglichen, den „Mechanismus" der Wertinteriorisation sehr generalisierend abzuheben und auf das Wert- und Kompetenzlernen im Netz zu übertragen.

---

[17] Heidegger (1980, S. 176).

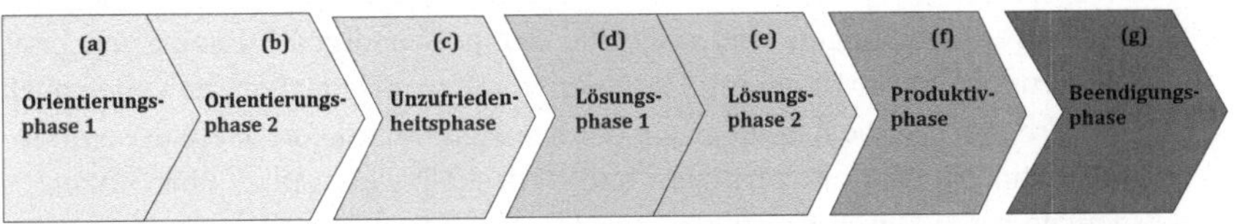

Abb. 1.3 Interiorisations- und Exteriorisationsprozesse von Werten nach Lacoursiere. (Erpenbeck und Sauter 2007, S. 52)

Nach den aus den Bereichen Emotions- und Motivationspsychologie, Psychotherapie und Gruppendynamik stammenden Einsichten lassen sich Interiorisations- und Exteriorisationsprozesse von Werten sehr konsistent modellieren (Abb. 1.3).

a. Orientierungsphase 1: Ausgangspunkt jedes Wertaneignungsprozesses ist eine in dieser Phase wahrgenommene, aus äußeren sachlichen und sozialen Bedingungen resultierende, nicht restlos kognitiv auflösbare Entscheidungssituation. Derartige Entscheidungssituationen kann man als Konflikte bezeichnen. Die möglichen Konflikte lassen sich klassifizieren als:
   - *Gegenstandskonflikte* beim Handeln an oder mit geistigen Anforderungen, beim Problemlösen oder mit materiellen Gegenständen, u. a. in Arbeitsprozessen
   - *Partnerkonflikte* mit einzelnen Partnern, ob Ehepartner, Freunde, Kinder oder Kollegen
   - *Gruppenkonflikte* in oder mit privaten Gruppen oder in Arbeitsteams sowie informellen Gruppen
   - *Sozialkonflikte* in oder mit größeren, sozial strukturierten Menschengruppen wie Vereinen, Parteien oder der Öffentlichkeit
b. *Orientierungsphase 2:* Konflikte und Probleme werden tiefergehend als Widersprüche in den eigenen Wahrnehmungen, Urteilsbildungen, im Lernen, Kommunizieren, Denken, Problemlösen wahrgenommen und erfordern letztlich zu ihrer Lösung ein Handeln auf physischer, psychisch-geistiger und kommunikativer Ebene.
c. *Unzufriedenheitsphase:* Diese Widersprüche führen zu psychischer Labilisierung und Instabilität des inneren Zustands durch Ungewissheit,[18] zu kognitiver Dissonanz[19] und zu einem inneren Widerspruch.[20] Es ist generell darauf hinzuweisen, dass emotional-motivationale „Umlernprozesse" eher selten mit Zufriedenheits- oder Glücksgefühlen gekoppelt sind. Echtes Lernen, wirkliche

---

[18] Vgl. Sokolov (1963); Berlyne (1974); Simonov (1982).

[19] Vgl. Festinger (1957).

[20] Vgl. Kossakowski (1980).

Kompetenzentwicklungen sind aufgrund der notwendigen Dissonanzen bzw. Labilisierungen in der Regel mit Gefühlen von Unzufriedenheit, zuweilen auch Angst verbunden. Eine Abmilderung der Konflikte würde die Tiefe der emotionalen Wertinteriorisation verringern und ist deshalb stets neu zu überdenken.

d. *Lösungsphase 1:* Durch Konflikte werden vorhandene Emotionen und Motivationen aktiviert oder entstehen neu. Emotionen und Motivationen sind Wertungen des konkreten Individuums – unabhängig davon, ob sie in Sprachform (als inneres Sprechen oder als Äußerung) umgesetzt sind oder nicht. Emotionen und Motivationen können gespeichert werden. Forschungen zum Verhältnis von Emotion und Gedächtnis stellen eine Frontlinie gegenwärtiger Forschungen dar. Es ist ziemlich klar, dass kognitive Inhalte stets mit emotionalen „Gewichten" versehen abgespeichert werden und dass mit dem Aufruf bestimmter Kognitionen auch der zugehörige emotional-motivationale Wertungsgehalt aufgerufen wird.

e. *Lösungsphase 2:* Die Änderung oder Entstehung neuer emotional-motivationaler Wertungen erfolgt in der Regel als selbstorganisativer Prozess, angestoßen durch die Aktivierung infolge praktisch auftretender oder intendierter gesetzter Konflikte, etwa in pädagogischen oder in therapeutischen Prozessen.

f. *Produktivphase:* Probeweise adaptierte oder kreativ neu entstandene Wertungen werden im kommunikativen und physischen Handeln wirksam. Die Kommunikation von Werten, wie sie im kommunikativen Handeln vor sich geht, ist ihrerseits Gegenstand breiter psychologischer, aber auch kommunikationstheoretischer und literaturwissenschaftlicher Erörterungen.

g. *Beendigungsphase:* Die Resultate beider Prozesse, des kommunikativen wie des physischen Handelns, können wieder vom Individuum bewertet werden, rufen entweder neue Konflikte hervor oder werden als Lösung der ursprünglichen Konfliktsituation erlebt. Im ersten Fall existiert dann wiederum die Ausgangssituation mit geänderten kognitiven und wertenden Bedingungen. Im zweiten Fall werden die adaptierten oder neu entstandenen Werte als – vorläufig – adäquat gespeichert.

Aus unserer Sicht sind die am individuellen Wertewandel beteiligten psychischen Prozesse auf drei große, durch die allgemeine Psychologie tiefgründig bearbeiteten Felder konzentriert:

- Konfliktsetzung, -wahrnehmung und -bearbeitung
- Entstehung, Speicherung und Veränderung von Emotionen und Motivationen
- nicht verbale und verbale Kommunikation von Werten, eingeschlossen Emotionen und Motivationen als Werte des konkreten Individuums

Daraus ergeben sich für jedes Verfahren, das auf Kompetenzentwicklung gerichtet ist, fünf ebenso einfache wie unvermeidliche *Grundfragen:*

1. Setzt das Verfahren für das geistige oder physische Handeln echte Entscheidungs- bzw. Konfliktsituationen, die nicht mithilfe bisherigen Wissens und Wertens („algorithmisch") bewältigt werden können?
2. Erzeugt das Verfahren aufgrund der Bedeutsamkeit dieser Entscheidungs- bzw. Konfliktsituationen echte und tiefgehende emotional-motivationale Labilisierungen und wenn ja, in welcher Stärke?
3. Gestattet das Verfahren eine emotional-motivational hinreichend verankerte Rückkopplung und gedächtnismäßige Speicherung des Handlungserfolgs?
4. Werden im Verfahren der Handlungserfolg und die zu ihm führenden Werte in nachfolgenden Kommunikationsprozessen akzeptiert und sozial bekräftigt und wenn ja, in welcher Stärke?
5. Lässt sich das Verfahren für unterschiedliche Entscheidungs- bzw. Konfliktsituationen, bei unterschiedlichen emotional-motivationalen Labilisierungen und gedächtnismäßigen Speicherungsprozessen sowie in verschieden gestalteten Kommunikationsprozessen so generalisieren, dass es in sehr unterschiedlichen Zusammenhängen einsetzbar ist?

Diese Fragen werden wir auch an den Ermöglichungsrahmen stellen, mit dessen Hilfe wir eine Kompetenzentwicklung im Netz gestalten.

1.3   Kompetenzen – mehr als Wissen und Qualifikation

Über Kompetenzen als Bildungsziele wird in der Pädagogik, insbesondere im betrieblichen Bereich, seit einigen Jahrzehnten, deutlich zunehmend seit der Jahrtausendwende, diskutiert. Ursprünglich war der Kompetenzbegriff nicht fachbezogen gedacht. So definierte Franz E. Weinert (2001) Kompetenzen als *„die bei Individuen verfügbaren oder durch sie erlernbaren kognitiven Fähigkeiten und Fertigkeiten, um bestimmte Probleme zu lösen, sowie die damit verbundenen motivationalen, volitionalen*[21] *und sozialen Bereitschaften und Fähigkeiten, um die Problemlösungen in variablen Situationen erfolgreich und verantwortungsvoll nutzen zu können".*[22] Es geht also um die Verbindung von Wissen, Können und Motivation mit dem Ziel der Problemlösung.

---

[21] Willentliche Steuerung von Handlungen und Handlungsabsichten.

[22] Weinert (2001, S. 27 f.).

Im Rahmen der Pisa-Studie wurde jedoch auf Basis der Klieme-Expertise[23] die „Fachlichkeit" als erstes und wichtigstes Merkmal kompetenzorientierter Bildungsstandards definiert. Außerdem sollten Kompetenzmodelle und kompetenzorientierte Standards durch standardisierte Tests überprüfbar sein und mit Noten bewertet werden können. Diese Forderung ist bei der sehr großen Zahl der Schüler, die im Rahmen von Pisa zu bewerten sind, verständlich. Es ist jedoch wenig sinnvoll, die Kompetenzmodelle nach den Möglichkeiten der kostengünstigen Überprüfung zu gestalten. Diese Verwässerung des Kompetenzbegriffes führte zu viel Verwirrung und Irrwegen.

Wir gehen im Folgenden von einem Kompetenzbegriff nach Erpenbeck und von Rosenstiel aus, der sich in unserer Praxis sehr bewährt hat, weil er sich an den realen Problemstellungen im Betrieb orientiert, als Zielorientierung für die Mitarbeiter und Führungskräfte dienen kann und weil diese Kompetenzen wirtschaftlich erfasst werden können.

Die von John Erpenbeck und Lutz von Rosenstiel entwickelte Definition für Kompetenzen hat sich in der betrieblichen Bildungspraxis des deutschsprachigen Bereichs weitgehend durchgesetzt,:

Kompetenzen sind Fähigkeiten in offenen, unüberschaubaren, komplexen, dynamischen und zuweilen chaotischen Situationen kreativ und selbstorganisiert zu handeln (Selbstorganisationsdispositionen).[24]

Kompetenzen schlagen sich immer in Handlungen nieder. Sie sind keine Persönlichkeitseigenschaften.[25]

Noch immer werden in zahlreichen Unternehmen und Organisationen vermeintlich objektive, reliable und valide Persönlichkeitstests eingesetzt und von versierten, testtheoretisch bestens geschulten und statistische Methoden perfekt beherrschenden Psychologen zu einem Maßstab von Personalauswahl und Personalentwicklung gemacht. Dagegen gibt es ernsthafte Einwände.[26]

Die sehr stabilen Persönlichkeitseigenschaften sind für Unternehmen bei der Einschätzung von Mitarbeitern oder Bewerbern viel weniger interessant als die vergleichsweise schnell zu entwickelnden Handlungsfähigkeiten in Form von Kompetenzen.[27] Zudem ist der Schluss von Persönlichkeitseigenschaften auf Handlungsfähigkeiten fragwürdig. Selbst wenn beispielsweise die Persönlichkeitseigenschaft Extraversion zu 90 % mit einer hohen Akquisitionsstärke gekoppelt

---

[23] Klieme et al. (2007).

[24] Nach Erpenbeck und von Rosenstiel (Hrg.) (2. Aufl. 2007).

[25] Erpenbeck und Hasebrook (2011, S. 227–262).

[26] Ebenda.

[27] Hossip und Mühlhaus (2005, S. 15 f.).

wäre, kann sich ein Unternehmen gehörig und kostenaufwendig irren, wenn es zufällig an einen der 10 % der Bewerber gerät, der zwar vollkommen extrovertiert, aber bei Akquisitionsaufgaben ein gänzlicher Versager ist.

Handeln erfordert stets den „Antriebsmotor" von Emotionen und Motivationen (lat. motio = Bewegung), damit es überhaupt stattfinden kann. Es gibt deshalb keine Kompetenzen ohne Emotionen! Alle gegenteiligen Behauptungen sind unzutreffend.[28] Deshalb erfordern Denkabläufe Gefühle, damit in sie all die Informationen einfließen, die wir anders nicht erfassen können. Ein Verstand ohne Gefühle ist untauglich.[29]

Erfahrungen kann man nur selbst machen.[30] Kompetenzen kann man deshalb ebenfalls nur selbst – in neuartigen, offenen und realen Problemsituationen kreativ handelnd – erwerben. Man kann Kompetenzen als Fähigkeiten beschreiben, zu handeln, ohne bekannte Lösungswege „qualifiziert" abzuarbeiten. Ohne das Resultat schon von vornherein zu kennen.

Kompetenzen ermöglichen es uns, auch dann zu handeln, wenn wir nur unvollkommenes oder gar kein Wissen über die jeweilige aktuelle Herausforderung haben. Dies wird beispielsweise in krisenartigen Situationen die Regel sein. Wir sind in solchen Situationen trotzdem handlungsfähig, wenn wir auf verinnerlichte Regeln, Werte und Normen zurückgreifen können, die als „Ordner" unserer sozialen Selbstorganisation wirken und damit unser soziales Handeln regulieren.[31] Dies erklärt, warum Menschen mit großer Erfahrung in schwierigen Situation häufig intuitiv das „Richtige" tun.

Den Kern der Kompetenzen bilden Werte. Werte ermöglichen ein Handeln unter der daraus resultierenden Unsicherheit. Sie „überbrücken" oder ersetzen fehlendes Wissen, schließen die Lücke zwischen Wissen im engeren Sinne und dem Handeln. Kompetenzen setzen ein hohes Niveau an Qualifizierung voraus. Menschen mit hoher Kompetenz sind stets auch qualifiziert, Hochqualifizierte sind jedoch nicht zwangsläufig auch kompetent. Qualifikationen und Kompetenzen unterscheiden sich nämlich fundamental (vgl. Tab. 1.1).[32]

Der Blick auf unsere Schulen lenkt unser Augenmerk auf die Kompetenzauffassung, die den Schulen von PISA aufgedrückt wird. PISA wurde vor 14 Jahren eingeführt, um Ranglisten von OECD-Mitgliedsländern und Nicht-OECD-Staaten (mehr als 60 in der letzten Zählung) zu erstellen. Die Grundlage dafür bilden

---

[28] Klieme et al. (2007, S. 5).

[29] Lehrer (2009, S. 39).

[30] Vgl. Rohs (2002).

[31] Vgl. Haken und Schiepek (2010).

[32] Vgl. Arnold (2000).

Tab. 1.1 Qualifikation und Kompetenz im Vergleich

Qualifikation	Kompetenz
Ist immer auf die Erfüllung vorgegebener Ziele (z. B. Curricula) gerichtet, also fremdorganisiert	Basiert auf Selbstorganisationsfähigkeit. Damit werden die Ziele durch die Lerner mitbestimmt
Ist objektbezogen, bezieht sich also auf konkrete Anforderungen, z. B. Arbeitsaufgaben	Ist subjektbezogen, bezieht sich also auf den jeweiligen Lerner als Persönlichkeit
Ist auf unmittelbare tätigkeitsbezogene Kenntnisse, Fähigkeiten und Fertigkeiten verengt	Ist ganzheitlich, d. h. bezieht sich auf die Fähigkeit einer Person zur selbstorganisierten Problemlösung
Ist auf individuelle Fähigkeiten bezogen, die rechtsförmig zertifiziert werden können	Umfasst die Vielfalt der individuellen Handlungsdispositionen und damit der Wertvermittlung
Rückt mit seiner Orientierung auf verwertbare Fähigkeiten und Fertigkeiten vom klassischen Bildungsideal ab	Nähert sich dem klassischen Bildungsideal auf eine neue, zeitgemäße Weise

Bewertungen von Testleistungen von 15jährigen Schülerinnen und Schülern in Mathematik, Naturwissenschaften und Lesen. Diese Testergebnisse werden in der Presse und in der Öffentlichkeit begierig aufgegriffen, ohne sie zu hinterfragen. Viele Länder bzw. deren Bildungspolitiker konzentrieren ihre Maßnahmen im Bildungsbereich deshalb darauf, im Ranking von PISA nach vorne zu kommen.

Beschäftigt man sich etwas näher mit dem Ansatz von PISA, fällt einem eine Reihe von Ungereimtheiten auf, die wir für skandalös gefährlich halten:

- PISA wird von der Organisation für wirtschaftliche Zusammenarbeit und Entwicklung (!) – OECD – getragen, die kein legitimiertes Mandat im Bildungsbereich hat. Die OECD wird gerade einmal von 34 Staaten getragen und fühlt sich der Demokratie und der Marktwirtschaft verpflichtet. Dabei stehen der ökonomische Nutzen von Bildung für den Einzelnen und die Gesellschaft sowie Chancengleichheit im Bildungssystem im Vordergrund. De facto bestimmen die PISA-Tests aber die Ziele und Inhalte der schulischen Bildung, ohne dass ein demokratischer Diskussionsprozess stattgefunden hat. Besonders anmaßend empfinden wir es, dass PISA unter anderem sein Konzept auch auf afrikanische Staaten übertragen will, obwohl kein einziges Mitglied der OECD aus dieser Region kommt. Auch Süd- und Mittelamerika sind gerade einmal mit Chile und Mexiko vertreten. Zwischenzeitlich ist zu PISA eine privatwirtschaftliche Testindustrie entstanden, deren Angebote ebenfalls nicht demokratisch legitimiert sind. Es ist zu befürchten, dass hierbei auch eklatante Interessenskonflikte auftreten, weil viel Geld zu verdienen ist. Bei der Gestaltung der Testbatterien dominieren Statistiker und Ökonomen, während die gesellschaftlich relevanten Gruppen und Experten weitgehend außen vor bleiben.

- Während wir in der beruflichen Bildung eine Tendenz zu individuellen Lernzielen in selbstorganisierten Lernprozessen erfahren, strebt PISA im Gegenteil eine Standardisierung und Vergleichbarkeit der Ziele und Inhalte weltweit an. Dabei werden die teilweise extrem unterschiedlichen Rahmenbedingungen und Kulturen in einzelnen Ländern vollständig ignoriert. Wie kann man beispielsweise 15-jährige Schüler, die regelmäßiger Arbeit am Rande des Existenzminimums nachgehen müssen, mit Schülern vergleichen, die ihren Terminkalender zwischen Schule, Nachhilfe, Sport und Musikunterricht aufteilen können?
- PISA basiert auf standardisierten Multiple-Choice-Testbatterien und damit quantitativen Messungen und hat damit dazu geführt, dass diese naturgemäß beschränkte Messung von Lernergebnissen sich immer weiter verbreitet. Zwangsläufig stehen damit Fachinhalte und Fertigkeiten, z. B. Rechen- und Lesefertigkeiten, im Vordergrund. Es genießen die Lehrer die höchste Anerkennung, die es fertigbringen, genau diese Lernbereiche erfolgreich zu trainieren. Der Drill-Unterricht à la Nürnberger Trichter erlebt seine Renaissance. Weniger „exakt" messbare Bildungs- und Erziehungsziele, z. B. im Bereich der körperlichen, moralischen, staatsbürgerlichen oder künstlerischen Entwicklung, verlieren an Bedeutung. Wo bleiben Ziele wie demokratische Selbstbestimmung, werteorientiertes sowie soziales und kommunikatives Handeln?
- PISA zwingt die Schulen und Lehrer zu kurzfristigen Anpassungen, obwohl wir alle wissen, dass Veränderungen im Bildungsbereich Zeit benötigen, weil wir alle unsere Lernroutinen in hohem Maße verfestigt haben. Aktionismus ist angesagt.
- Es gibt keine unabhängige Aufsicht und Überwachung von PISA. Die vielfältige Kritik der Testformate, der Statistik und Auswertungsmethoden sowie unsinnigen Vergleichen verpufft in diesem Elfenbeinturm.

Unsere nationalen PISA-Vertreter Klieme & Co. setzen diesem misslungenen Ansatz von PISA noch die Krone auf. Diese PISA-Promotoren ignorieren vollkommen die in drei Jahrzehnten erreichten Ergebnisse berufspädagogischer Klärungen zur Handlungskompetenz, weil sie nicht in ihr Konzept einfach zu handhabender Tests passen. So berücksichtigen sie in ihren Publikationen beispielsweise nicht einmal einen (!) der vielen am siebenjährigen, millionenschweren BMBF-Projekt „Lernkultur – Kompetenzentwicklung" beteiligten Wissenschaftler und Praktiker – darunter weltweit bekannte Forscher und Experten.

Die PISA-Promotoren definieren Kompetenzen als: „*...Kompetenzen sind funktional bestimmt und somit bereichsspezifisch auf einen begrenzten Sektor von Kontexten bezogen. Zum anderen wird die Bedeutung des Begriffs auf den kognitiven Bereich eingeschränkt, motivationale oder affektive Voraussetzungen für erfolgreiches Handeln werden explizit nicht mit einbezogen*" [33]

Sie geben auch ganz offen zu: „*Der hier verwendete Begriff von ‚Kompetenzen' ist daher ausdrücklich abzugrenzen von den aus der Berufspädagogik stammenden und in der Öffentlichkeit viel gebrauchten Konzepten der Sach-, Methoden-, Sozial- und Personalkompetenz.*"[34] Zu dieser Öffentlichkeit gehören auch die gesamten Bereiche Politik, Wirtschaft und Kultur. Diese scheinen für unsere schulische Bildung ohne jede Relevanz zu sein.

Es ist kaum vorstellbar, dass ein Unternehmen seiner Personalarbeit einen derart kognitivistischen, auf die Analyse von Sach-, Methoden-, Sozial- und Personalkompetenz verzichtenden Kompetenzbegriff zugrunde legen würde. Selbst Universitäten gehen von einem Kompetenzbegriff aus, der nicht so kognitivistisch verengt ist. Nur die Kultusbürokratie und damit der Schulbereich erlaubt es sich, einen künstlich verengten Kompetenzbegriff zu nutzen, der nichts, aber auch gar nichts, mit den realen Handlungsanforderungen an künftige, verantwortungsbewusste Mitglieder unserer Gesellschaft und Arbeitnehmer zu tun hat. Es zählt nur die Exaktheit von Kognitionsmessungen.

Wir empfinden PISA zunehmend als ein verhängnisvolles Vergehen an unseren Kindern und Jugendlichen, dessen Folgen wir in Gesellschaft und Wirtschaft in den kommenden Jahrzehnten erfahren werden. PISA abzuschaffen wird wohl nicht mehr gelingen, dafür wurden zu viele Planstellen, Projekte und Institute eingerichtet. Es ist auch nicht zu erwarten, dass Bildungspolitiker ihre schönen Rituale aufgeben, in denen sie regelmäßig verkünden können, dass wir in Deutschland oder in einem Bundesland mal wieder um ein paar Plätze nach vorne gerückt sind. Wir fordern deshalb, zusammen mit einer Vielzahl internationaler Experten[35], eine Denkpause, um einen demokratisch legitimierten Weg zur Überarbeitung des PISA-Konzeptes zu finden. Deshalb sollte die PISA-Messung in diesem Jahr einfach ausfallen, um Zeit für eine grundlegende Überarbeitung der Mess-Konzeption zu gewinnen.

---

[33] Klieme (2007, S. 5).

[34] Vgl. Klieme et al. (2003).

[35] http://oecdpisaletter.org.

Kompetenzentwicklung

2

Kompetenzentwicklung lässt sich kaum verhindern. In der Arbeit, beim Spiel, beim Sport, in der Familie, im Verein, sogar in Schule, Berufsbildung und Universität erwerben wir –„handelnd" – Kompetenzen. Unumstritten ist, dass die zentralen Orte der Kompetenzentwicklung heute die Arbeitsprozesse selbst, aber auch eine Reihe von Tätigkeitsfeldern im sozialen Umfeld, in Familie, Verein, Ehrenamt usw. sind. Kompetenzen werden in vielen informellen Situationen, in der Arbeit, im sozialen Umfeld, aber auch im Netz gleichsam „nebenher", angeeignet.

2.1 Kreislauf der Kompetenzentwicklung

Kompetentes Handeln basiert auf langfristigen Lernprozessen. Diese werden insbesondere durch folgende Erkenntnisse geprägt:

- Kompetenzen bestimmen die Handlungsweisen der Menschen. Dieses zielgerichtete und bewusste Handeln unterscheidet sich deutlich vom „Verhalten", das ohne eine kritische Reflexion erfolgt.[1] Kompetenzentwicklungsprozesse erfordern deshalb Lernprozesse, die durch regelmäßige Rückbesinnung auf die eigenen Lernerfahrungen geprägt sind.
- Handeln wird maßgeblich durch Emotionen bestimmt. Deshalb ist es für Kompetenzentwicklungsprozesse notwendig, kognitive und emotionale Strukturen und Prozesse aktiv und nachhaltig zu verändern.
- Die Menschen haben über ihr ganzes Leben hinweg für bestimmte wiederkehrende Problemstellungen Handlungsroutinen aufgebaut, die sie bei Bedarf, auch unter Druck, abrufen können.

---

[1] Wahl, D. (3. erw. Aufl., 2013), S. 17.

© Springer Fachmedien Wiesbaden 2015
J. Erpenbeck, W. Sauter, *Wissen, Werte und Kompetenzen in der Mitarbeiterentwicklung*, essentials, DOI 10.1007/978-3-658-09954-1_2

- Handlungsgeschehen ist hierarchisch organisiert und sequentiell gegliedert. Es ist nicht möglich, Handeln allein auf der Interaktionsebene zu trainieren, ohne zuvor die situationsübergreifenden Ziele und Pläne verändert zu haben. Deshalb müssen Kompetenzentwicklungssysteme auf der Planungsebene der Teilnehmer ansetzen, bevor die konkrete Umsetzung in der Praxis trainiert werden kann.[2]

Kompetenzentwicklung erfordert damit ein grundlegend verändertes Zielsystem:

- Die Möglichkeiten und Ziele der Kompetenzentwicklung leiten sich aus einer vorangegangenen systematischen Kompetenzerfassung ab,
- die Lernziele sind konsequent auf die jeweiligen Lerner fokussiert,
- die Definition der Kompetenz-Lernziele erfolgt im Rahmen der definierten Kompetenzprofile und liegt primär in der Verantwortung der Lerner,
- die Kompetenz-Lernziele sind Wertziele, die auf die selbstorganisierte Lösung von Praxisproblemen ausgerichtet und damit handlungsorientiert sind,
- erst daraus leiten sich die Wissens- und Qualifikationsziele als notwendige Voraussetzung für die Kompetenzziele ab.

Kompetenzlernen muss deshalb Lernen und Arbeiten wieder zusammenführen. Erst bei der Lösung von Praxisproblemen, in realen Aufgaben und Entscheidungssituationen, müssen die Lerner die notwendigen Herausforderungen überwinden, die für die Kompetenzentwicklung notwendig sind.

Die Verinnerlichung von Werten ist der Schlüsselprozess jeder Wertaneignung und damit jedes Kompetenzlernens. Werte können nicht gelehrt werden. Werte entstehen erst dann, wenn Menschen ihr Wissen zu Emotionen und Motiven ihres eigenen Handelns machen. Deshalb können Werte nur durch die Lerner selbst angeeignet werden. Solche Prozesse können nur bei der Lösung von realen Herausforderungen und in Netzwerken erfolgen, da die Lerner die Rückmeldungen ihrer Lernpartner benötigen.

2.2 Stufen der Kompetenzentwicklung

Die Herausforderung in der Konzipierung dieser Lernsysteme besteht darin, den Lernern eine optimale Möglichkeit zu bieten, ihre Kompetenzen selbstorganisiert, in einem kommunikativen Prozess mit Lernpartnern (Netzwerk), aufzubauen (Abb. 2.1).

---

[2] Vgl. ebenda, S. 211 ff.

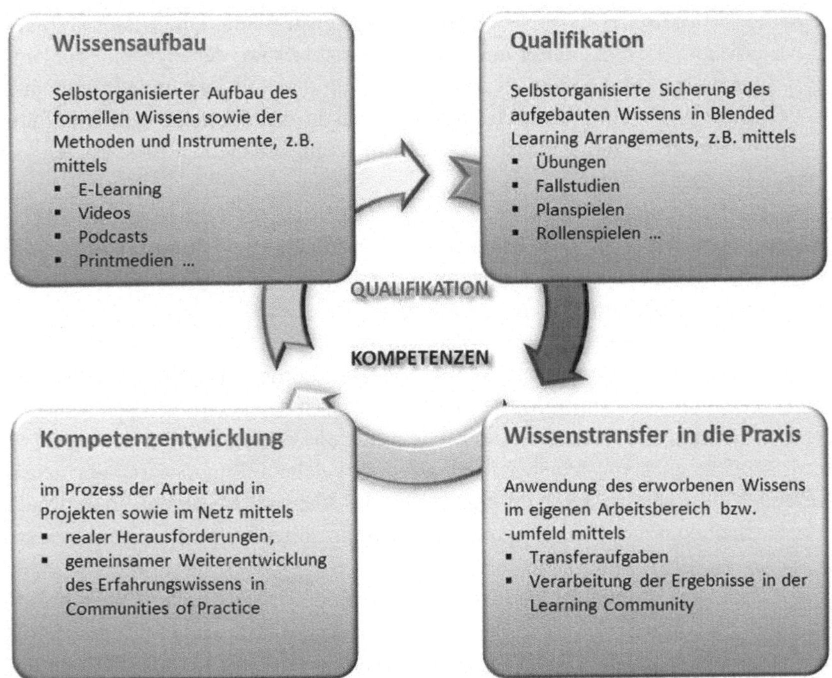

Abb. 2.1 Die Stufen der Kompetenzentwicklung in der Praxis

Die einzelnen Stufen des Kompetenzentwicklungsprozesses stellen unterschiedliche Anforderungen an die Gestaltung der Lernprozesse bzw. des Ermöglichungsrahmens.

2.2.1 Wissensaufbau

Wissensaufbau kann, entsprechend der zugrunde liegenden Lerntheorie, unterschiedlich erfolgen:

- *Instruktionales Lernen* – anleiten, unterweisen: Dieses Lernen ist passiv, aufnehmend. Es wird z. B. beim Vokabelnlernen benutzt.
- *Kognitivistisches Lernen* – wahrnehmen, denken, erkennen: Die Lerninhalte werden von einem Dozenten oder Autor möglichst zielgruppengerecht aufbereitet und vom Lerner selbständig aufgenommen und verarbeitet.

- *Konstruktivistisches Lernen* – Wissen selbst konstruieren: Die Wissensaufnahme erfolgt selbstorganisiert und -gesteuert zur Lösung der eigenen Problemstellungen, z. B. am Arbeitsplatz oder beim Kunden. Die Lerner definieren ihre Lernziele und damit das notwendige Wissen in Abstimmung mit ihrer Führungskraft meist selbst. Für Ihren Lernprozess nutzen sie den Ermöglichungsrahmen.
- *Konnektivistisches Lernen* – Erfahrungswissen anderer verarbeiten: Der Wissenserwerb erfolgt u. a. im Rahmen der Kommunikation mit Lernpartnern, die ihr Erfahrungswissen zur Verfügung stellen und in einem gemeinsamen Lernprozess mit dem Lerner weiterentwickeln.

In der Phase des Wissensaufbaus eignet sich jeder Lerner das notwendige Wissen an, das er für die Problemlösung benötigt. Wir wissen heute, dass die Lernprozesse der Lerner äußerst differenziert sind. Nicht nur die Frage, wann und wo gelernt wird, sondern auch mit welcher Methode und welchem Tempo wird sehr unterschiedlich beantwortet. Deshalb eignet sich das klassische Seminar, in dem alle Lerner einen homogenen Lernprozess durchlaufen sollen, kaum für eine effiziente Wissensvermittlung.

E-Learning ermöglicht einen individuellen und wirtschaftlichen Wissensaufbau, weil es von jedem Lerner entsprechend seines Vorwissens und seiner Lerngewohnheiten, unabhängig von Ort und Zeit, allein oder mit Lernpartnern, in der persönlichen Lerngeschwindigkeit genutzt werden kann. Es zeigt sich dabei in der Praxis, dass die Lerner mit sehr unterschiedlichen Vorgehensweisen lernen. Ein Teil lernt beispielsweise nach dem Prinzip „Versuch und Irrtum". Diese Lerner bearbeiten zunächst im Lernprogramm Aufgaben und stellen dabei fest, welche Wissenslücken noch vorhanden sind. Diese decken sie dann ab, indem sie die Wissensbasen, die den einzelnen Übungen jeweils kontextsensitiv zugeordnet sind, bearbeiten. Andere Lerner, die zum Teil seit Jahrzehnten gewohnt sind, mit Printmedien zu lernen, nutzen nach unseren Erfahrungen gerne Kombinationen von Web Based Trainings (WBT) mit diesen Medien. Sie bauen das Wissen beispielsweise zunächst in gewohnter Form mit dem Printmedium auf und sichern es anschließend, indem sie Übungen in den Lernprogrammen bearbeiten und bei Bedarf die dortigen Wissensbasen nutzen. Jeder Lerner organisiert seinen Wissenserwerb damit individuell.

2.2.2 Qualifikation

In der Phase der Qualifikation wird das erworbene Wissen gesichert, indem Übungen, Fallstudien, Planspiele oder Rollenspiele bearbeitet werden. Damit wird die Qualifizierung der Lerner entsprechend ihrer individuellen Lernpersönlichkeit ermöglicht. In dieser Phase sind, auch wenn immer wieder das Gegenteil behauptet wird, jedoch noch keine Kompetenzen entstanden. Dies kann am Beispiel der Wissensverarbeitung mit Fallstudien verdeutlicht werden. Fallstudien sollen die Möglichkeit bieten, relevante Probleme, mit denen die Lerner in ihrer Praxis konfrontiert sind, im „Labor" zu bearbeiten und Lösungen zu entwickeln. Das Ziel ist, dass die Lerner ihre Handlungskompetenz bei der Lösung von Aufgaben in ihrer zukünftigen Arbeitswelt sowie ihre Entscheidungsfähigkeit entwickeln.

Fallstudien sind naturgemäß immer vereinfachte Spiegelbilder der Praxis. Eine Fallstudie, die auch nur annäherungsweise die Komplexität der Realität widerspiegelte, würde alle Dimensionen sprengen. Während in der Realität sowohl die Problemstellungen als auch die relevanten Fakten offen und kaum überschaubar sind, werden in Fallstudien beide Bereiche in erheblich verkürzter Form vorgegeben, so dass die Variationsmöglichkeiten nur noch einen Bruchteil der Realität ausmachen.

Die Entwicklung einer Lösung für Fallstudien erfolgt, auch wenn sie in Gruppen getroffen wird, in einer Laborsituation mit einer künstlichen Versuchsanordnung. Sie ist deshalb nicht mit Entscheidungsprozessen in der Realität vergleichbar. Es sind z. B. keine „echten" Interessenskonflikte auszutragen, es entstehen im Regelfall keine tiefgehenden Emotionen, die Folgen der Entscheidung sind meist für die eigene Entwicklung der Lerner nicht relevant und der Entscheidungsprozess erfordert nur einen Bruchteil der Zeit, die Abstimmungsprozesse in der Praxis benötigen.

Kompetenzlernen ist damit nicht möglich, die Lerner können höchstens für diese Problemlösung sensibilisiert werden und Methoden und Vorgehensweisen verinnerlichen. Es werden aber nur in einem sehr begrenzten Rahmen Dissonanzen erzeugt, z. B. im Entscheidungsprozess innerhalb der Lerngruppe. Deshalb sehen wir den Versuch vieler Business Schools, allein über eine Vielzahl von Fallstudien Management-Kompetenz zu vermitteln, als einen Fehlweg an. Diesen Irrweg zeigt Thomas Sattelberger sehr anschaulich auf:

> Ich halte es für ein Phantasiegebilde, dass Leadership im Vorlesungssaal vermittelt oder gelernt werden kann. Lernen kann ich Managementtechniken wie Ziele setzen, Delegieren, Controlling und Marketing – aber nicht Leadership. Da kommt es darauf an, Zukunftsbilder zu schaffen, schwierigste Geschäftsprobleme zu meistern und

Menschen emotional und nachhaltig für neue Strategie und Veränderungsprozesse zu gewinnen. Das kann man nicht kopflastig antrainieren. Man lernt es nur, wenn man im rauen Wasser der Realität Verantwortung trägt. Nicht in Fallstudienarbeit.[3]

2.2.3 Kompetenzaufbau

Erfahrungen können nur in Form von Erfahrungswissen und Kenntnissen weitergegeben werden, nicht aber als Erfahrungen desjenigen, der sie gewann. Deshalb ist es notwendig, den Lernern die Möglichkeit zu bieten, ihr Erfahrungswissen systematisch auszutauschen, anzuwenden und in einem intensiven Kommunikationsprozess laufend gemeinsam weiterzuentwickeln.

Die Lerner entwickeln deshalb in einem ersten Schritt der Kompetenzentwicklung Entscheidungen in realen Transferaufgaben und in kleineren Praxisprojekten. Diese Aufgaben ermöglichen eine Anwendung des Wissens im Prozess der Arbeit der Lerner und stellen sie vor spürbare Herausforderungen. Die Lerner lernen dabei Hürden zu überwinden und ihre Lösungen mit ihrem Netzwerk zu optimieren. Sie bauen bei der Lösung schwieriger Transferaufgaben damit selbstorganisiert ein Wissen im weiteren Sinne mit Werten, Emotionen und Motivationen auf.

Neben den Merkmalen aus der Wissensverarbeitung sind insbesondere folgende Aspekte hervorzuheben:

- *Individualisierung:* Anwendung auf Problemstellungen und Projekte der persönlichen Erfahrungswelt. Lernen und Arbeiten wachsen zusammen.
- *Professionalisierung:* Kontinuierliche Entwicklung der eigenen Kompetenzen und des persönlichen Planungs- und Interaktionshandelns in zunehmend komplexer werdenden Labilisierungsprozessen.

Der Wissenstransfer in die Praxis kann auch durch E-Learning initiiert werden, sofern die Web Based Trainings folgenden Kriterien genügen:

- Verknüpfung formellen Wissens mit dem Erfahrungswissen aller Lerner.
- Konsequente Trennung von Übungs- und Wissensbereich.
- Über den Übungsbereich wird der formelle Lernprozess der Lerner anhand exemplarischer, problemorientierter Aufgaben gesteuert.
- Differenzierte Aufgabentypen zum Wissensaufbau, zur Wissensverarbeitung und zum Wissenstransfer werden verknüpft.

---

[3] Sattelberger (2012).

- Komplexes Wissen wird über die Anwendung in realen Problemstellungen aufgebaut.
- Erfahrungswissen aus den Transferaufgaben wird in einem kompetenzorientierten Wissensmanagement gemeinsam bewertet und weiterentwickelt.

Kompetenzentwicklung erfordert echte Herausforderungen, die den Lerner nicht nur wissensbezogen, sondern auch emotional fordern. Voraussetzung dafür sind selbstorganisierte Lernprozesse, die durch die Einbindung in ein entsprechendes Lernsystem mit einem Netzwerk aus Lernpartnern und -begleitern geprägt sind.
Methoden der Kompetenzentwicklung weisen gemeinsame Merkmale auf:[4]

- Die Wirklichkeit, d. h. das Lernen am Arbeitsplatz und in Projekten, ist zwingend notwendiges Instrument der Kompetenzentwicklung,
- die Verinnerlichung von Werten bildet den Kern der Lernprozesse,
- Handlungs- und Kommunikationsprozesse in realen Entscheidungssituationen sichern den Kompetenzerwerb,
- die Kommunikation über diese Entscheidungsprozesse mit Lernpartnern, Trainern, E- Coaches und E-Mentoren flankiert diese Lernprozesse. Hierbei fördern Web 2.0-Instrumente aktiv den Austausch des Erfahrungswissens und die gemeinsame Weiterverarbeitung des Wissens.

Kompetenzentwicklung nutzt damit eine breite Palette an Methoden, die jeweils bedarfsgerecht zu einem Lernarrangement zusammengefasst werden. Intendierte, d. h. beabsichtigte Kompetenzentwicklung findet dabei stets in einer kommunikativen Situation statt.

> ► Kern der Kompetenzentwicklung ist der Aufbau von Werten. Aufbau von Werten heißt dabei nicht die Weitergabe von Wertwissen, also der ausformulierten Regeln, Werte und Normen individuellen und sozialen Handelns. Werte entstehen vielmehr in Wertungsprozessen. Sie werden in realen Entscheidungssituationen zu eigenen Emotionen und Motivationen umgewandelt und angeeignet. Diesen Vorgang bezeichnet man als Interiorisation (Internalisation) von Werten.

Grundsätzlich können drei Lernrahmen für die selbstorganisierte Entwicklung der Kompetenzen genutzt werden, die sich gegenseitig ergänzen:[5]

---

[4] Vgl. Erpenbeck und Sauter (2007).

[5] Ebenda S. 91 ff.

- *Kompetenzentwicklung auf der Praxisstufe ist immer Handlungs- und Erlebnislernen am Arbeitsplatz, beim Kunden oder im Netz.*

  Das Handeln im realen Arbeitsprozess oder im sozialen Umfeld kann dabei mehr oder weniger kompetenzförderlich sein, je nachdem wie der Lernrahmen gestaltet ist. Werte werden dabei stets erfahren, nicht „bloß gelernt". Erfahrungen werden stets bewertet. Sie sind nicht bloße Erweiterungen von Sachwissen. Erfahrung bezeichnet Wissen, das durch Menschen in ihrem eigenen Handeln selbst gewonnen wurde und unmittelbar auf einzelne emotional-motivational bewertete Erlebnisse dieser Menschen zurückgeht.

  Erfahrungen lassen sich nur in Form von Wissen und Kenntnissen weitergeben, nicht als Erfahrungen desjenigen, der sie gewann. Jedes selbst und unmittelbar gewonnene Wissen eines Menschen ist durch die Ausbildung von Emotionen, Motivationen, Willensentscheidungen, Werten und individuellen Kompetenzen, die in Lebens- und Erlebensprozessen vor sich gehen, flankiert. Jeder selbst und unmittelbar durch Teams und Gruppen erzielte Wissensgewinn ist von einer in Lebens- und Erlebensprozessen gegründeten Ausbildung von Werten, Normen, Regeln und supraindividuellen Kompetenzen – beispielsweise Team-, Unternehmens- oder Organisationskompetenzen – begleitet.

  Arbeiten und Lernen im Netz erfordert Erfahrungen, Emotionen, Motivationen und Werthaltungen. Der Spaß am gemeinsamen Kommunizieren, Arbeiten oder Projekteentwickeln im Netz ist hoch wertbesetzt. Dies fließt unmittelbar in die personalen und sozial-kommunikativen Kompetenzen der Beteiligten ein.

  Kompetenzaufbau auf der Praxisstufe wird insbesondere durch folgende Merkmale geprägt:

  - *Subjektivierendes Handeln,* das auf Erfahrungen und Erlebnissen einzelner Menschen aufbaut, spielt in realen beruflichen Tätigkeiten und damit für den Kompetenzaufbau eine stark zunehmende Rolle. Deshalb ist es notwendig, einen Lernrahmen zu schaffen, der diese Gelegenheiten im Prozess der Arbeit bietet.
  - *Informelles Lernen* in Form selbstorganisierter, erfahrungsgeleiteter Kooperation und Kommunikation spielt im betrieblichen Lernen eine zunehmende Rolle. Es findet im Alltag, am Arbeitsplatz, im Familienkreis oder in der Freizeit statt und ist in Bezug auf Lernziele, Lernzeit oder Lernförderung nicht strukturiert. Es kann zielgerichtet sein, ist aber in den meisten Fällen nicht zielgerichtet (intentional) und eher beiläufig (inzidentiell).
  - *Situiertes Lernen* im Rahmen möglichst authentischer Problemsituationen im Prozess der Arbeit, in herausfordernden Projekten oder in Communities of Practice. Dies bedeutet die Abkehr von bloß fachsystematisch strukturier-

ten Qualifizierungen, beispielsweise von beruflichen Bildungsgängen, und die Konzentration auf Entwicklungsaufgaben.

– *Expertiselernen:* Expertise ist das, was Könner zu Könnern macht. Einziger Indikator für ihre Könnerschaft ist ihre Leistung beim Ausüben einer Tätigkeit. Untersucht man die tieferliegenden Gründe für die Könnerschaft, wird deutlich, dass Könner sowohl von anderen kognitiven Fähigkeiten, wie z. B. Beherrschung von Komplexität oder Entwicklung von Metastrategien, als auch von anderen wertend-motivationalen Grundlagen als durchschnittlich Handelnde ausgehen. Insbesondere verfügen sie über Regeln, Wissen und spezifische motivationale Merkmale, die es ihnen ermöglichen, auch dann zielgerichtet zu handeln, wenn ihnen nicht alle Informationen vorliegen. So stützt der erfahrene Arzt seine Expertise nicht auf mehr Fachwissen, sondern vor allem auf Werte, die er in problematischen, oft existenziellen Situationen verinnerlicht hat. Er hat dabei gelernt, seine Emotionen und Motivationen einzubringen und in ärztliches Handeln umzusetzen.

• *Kompetenzentwicklung auf der Coachingstufe findet in realen betrieblichen Prozessen oder Projekten statt und ergänzt damit die Praxisstufe.*
  Coaching ist die professionelle Beratung und Begleitung einer Person (Coachee, Gecoachter) oder mehrerer Personen durch eine oder mehrere andere Experten oder Lernpartner (Co-Coaching), den Coach, die Coaches.

  Der Coach soll den Gecoachten bei der Ausübung von komplexen Handlungen befähigen, optimale Ergebnisse selbstorganisiert hervorzubringen. Das heißt nichts anderes, als Selbstorganisationsfähigkeiten des Handelns, also Kompetenzen, zu entwickeln. Folgerichtig stärkt Coaching in beruflichen Entwicklungsprozessen die Fähigkeit des Coachee zur Selbststeuerung, zur Selbstorganisation im Sinne einer „Hilfe zur Selbsthilfe". Der Coaching-Begriff wird ebenso wie andere vielfältig nutzbare Begriffe heute fast inflationär verwendet und entwickelt sich zu einem allgegenwärtigen Begriff, der manchmal zum Deckmantel für altbewährte Konzepte wie Schulung oder Beratung gebraucht wird.

  Coaching ist in der Regel nicht inhaltsorientiert (was wird gelernt?), sondern prozessorientiert (wie wird gelernt?); es geht nicht davon aus, dass Lernen, insbesondere Wert- und Kompetenzlernen durch einen Experten gesteuert werden muss, sondern dass es durch die Fragen, Ziele und Werte des Lerners selbst vorangetrieben wird; der Lernprozess wird nicht primär vom Wissen, sondern von Reflexion, Wertung und Handlung angetrieben.

  In Prozessen der Kompetenzentwicklung kann man entsprechend des Kompetenzatlas folgende Formen des Coaching unterscheiden und kombinieren: Persönlichkeitscoaching, Aktivitätscoaching, Fach- und Methodencoaching, sowie Teamcoaching oder auch Kombinationen davon. Coaching setzt dabei die Ziele von Aktivität und Engagement in der Regel nicht selbst, sondern nutzt die im beruflichen oder auch persönlichen Alltag vorkommenden Aufgabenstellungen, um diese Kompetenzen zu entwickeln und Handlungsfähigkeiten der Coachees zu erhöhen.

Coaching erfolgt auf freiwilliger Basis, als zielgerichtetes, gemeinsam abgestimmtes Vorgehen zwischen Coach und Gecoachten und ist gekennzeichnet durch Akzeptanz, Vertrauen und Kooperation auf beiden Seiten.

Der Lernprozessbegleiter wird mehr und mehr zum Kompetenzcoach und wächst aus der Rolle des traditionellen Lehrers oder Ausbilders heraus. Die Methoden der Begleitung von Kompetenzentwicklungsprozessen durch Coaches lassen sich in sechs Schritten charakterisieren:

1. Kompetenzentwicklungsziele klären und den individuellen Kompetenzentwicklungsbedarf festlegen.
2. Wege der Kompetenzentwicklung im Gespräch gemeinsam festlegen.
3. Kompetenzentwicklungsaufgaben in der Praxis und in Projekten gemeinsam definieren.
4. Die Kompetenzentwicklung beobachten und unterstützen, über Lernklippen hinweghelfen.
5. Auswertungsgespräche führen.
6. Den Kompetenzentwicklungsprozess und seine Ergebnisse dokumentieren, gemachte Erfahrungen weitergeben.

Kompetenzentwicklung auf der Trainingsstufe erfolgt in einem didaktisch-methodisch durchdachten Lernkonzept, das die Realität nutzt, um Kompetenzentwicklung zu ermöglichen.

Der Trainer reflektiert die Kompetenzentwicklungsprozesse, nimmt die Wertkommunikation bewusst wahr und verortet sie.[6]

Training in Kompetenzentwicklungsprozessen ist die professionelle, selbstorganisierte Entwicklung der Kompetenzen eines Lerners (Trainee, Trainierter) oder einer Lerngruppe.

Deshalb weicht der Begriff des Kompetenztrainings, wie wir ihn hier benutzen, deutlich von tradierten Trainingsmaßnahmen ab, die ausschließlich der Qualifizierung oder gar Informationsvermittlung dienen. Insbesondere rechnen wir Fallstudien, Rollenspiele oder Planspiele nicht zum Kompetenztraining, weil sie für die Lerner keine realen Herausforderungen bilden und damit keinen Prozess der emotionalen Labilisierung bewirken. Sie können jedoch dazu beitragen, die not-

---

[6] Vgl. Arnold (2005).

wendigen Voraussetzungen für die Kompetenzentwicklung im Bereich des Wissens und der Qualifizierung zu schaffen.

Das Kompetenztraining kann dagegen nur über die Lösung von Problemstellungen aus der Praxis erfolgen. Deshalb können auch formelle Lerninstrumente, wie z. B. E-Learning-Programme zum Kompetenztraining, nur die notwendigen Voraussetzungen für den Kompetenzaufbau schaffen, die Kompetenzentwicklung selbst erfordert dagegen die Bearbeitung realer Herausforderungen aus der Praxis der Lerner oder in Projekten.

Die Entwicklungsprozesse in Kompetenztrainings werden durch folgende Anpassungen ausgelöst:

- Veränderung von Einstellungen, Emotionen oder Motivationen,
- Erhöhung des Aktivitätsniveaus: Aufmerksamkeit, Aufgewecktheit oder Neugier,
- Erweiterung der kreativ anwendbaren Wissensbestände: Fachwissen, überfachliches Wissen oder Methodenwissen,
- Erweiterung der sozialen und kommunikativen Beziehungen: Ausdrucksfähigkeit, Kommunikationsfähigkeit oder Kooperationsfähigkeit entstehen.

Kompetenztraining zielt darauf, möglichst langfristig stabile Entwicklungseffekte zu erreichen. Das gelingt nur, wenn die Entwicklungsbedingungen selbst reflektiert und systematisch gestaltet werden.

Für jede Kompetenz ist der Einsatz eines ganzen Arsenals von Trainingsmethoden zur Kompetenzentwicklung vorstellbar.[7] Diese können eher in der realen Handlungsumgebung verankert sein, sich an den Kommunikationsmitteln, ihrer Reflexion und Optimierung ausrichten, mehr dem Individualtraining oder dem Gruppentraining dienen, auf mehrere bzw. viele Einzelkompetenzen oder auf einzelne Kompetenzen bezogen sein, auf unterschiedliche Einsatzbereiche, wie Persönlichkeit, Unternehmen oder Weiterbildungseinrichtungen ausgerichtet sein sowie unterschiedliche Wege der Wertkommunikation, z. B. sprachliche, symbolische oder multimediale nutzen.

2.2.4   Kompetenzentwicklung im Netz

WEB 2.0 is an attitude not a technology.
This means there is no technological revolution, it is a social revolution.
Stephen Downes

---

[7] Vgl. Heyse und Erpenbeck (2004).

Netzwerke fördern die Kommunikation zwischen Wissensträgern und die kollaborative Lösung von Herausforderungen in der Praxis und im Netz. Mit Kompetenzentwicklung im Netz meinen wir das gemeinsame, netzbasierte Lernen mit dem Ziel des Kompetenzaufbaus, aber auch die Nutzung von Social Software.

Social Software umfasst internetbasierte Kommunikationsinstrumente, die das gemeinsame, interaktive Erarbeiten von Lösungen ermöglichen.

Social Software ermöglicht damit Kompetenzentwicklungsprozesse, die in der Regel kognitive Dissonanzen erzeugen, insbesondere bei der kollaborativen Bearbeitung von Herausforderungen im Prozess der Arbeit und offener Entscheidungsprobleme.

Wichtige Instrumente zum Kompetenzaufbau im Netz sind beispielhaft:[8]

- *E-Portfolios*: Diese persönlichen, digitalen „Lernmappen" dokumentieren die individuelle „Lernkarriere", z. B. Kompetenzmessungen, wichtige Dokumente, eigene Ausarbeitungen oder Präsentationen. Alleine der Lerner bestimmt, wer diesen Bereich nutzen darf. Dieses Instrument fördert besonders den Aufbau *personaler Kompetenzen*, aber auch der Aktivitäts- und Handlungskompetenz sowie der fachlich-methodischen Kompetenz.
- *Blogs*: Ein von einer Person oder Gruppe im Internet geführtes Lerntagebuch. Dieses Instrument ist vor allem zum Aufbau *personaler Kompetenzen*, der Aktivitäts- und Handlungskompetenz sowie der sozial-kommunikativen Kompetenz geeignet.
- *Wiki*: Dieses webbasierte, asynchrone Autorensystem kann durch mehrere Nutzer kollaborativ genutzt werden. Damit eignet es sich für alle Herausforderungen, bei denen eine Gruppe von Lernern gemeinsame Ergebnisse entwickelt. Wir setzen das Instrument auch als Lerntagebuch von Gruppen ein. Wikis fördern besonders die *sozial-kommunikativen Kompetenzen*, haben aber auch bei den anderen Kompetenzbereichen ein mittleres Dissonanz- und Labilisierungspotenzial.
- *Work- and Learnpad*: Gruppen von Lernern können gleichzeitig an einem Dokument arbeiten. Die einzelnen Beiträge werden farblich gekennzeichnet, sodass der Entwicklungsprozess sehr transparent wird. Auf Wunsch können frühere Versionen wieder aufgerufen werden. Learn- and Workpads besitzen für alle Kompetenzbereiche ein hohes Dissonanz- und Labilisierungspotenzial. Damit entsprechen sie in besonderem Maße den Anforderungen an *Social Workplace Learning*.

---

[8] Nach Erpenbeck und Sauter (2007, S. 140 ff).

In der Entwicklung des E-Learning zeigt sich, zunächst fast unbemerkt, eine Revolution. Von der Wissensvermittlung zum Kompetenzaufbau – so ließe sie sich kurz zusammenfassen. Der früher dominierende Technikaspekt, das „E" nimmt eine immer geringere, der Bildungsaspekt, das „LEARNING", insbesondere das *„Social Learning"*, eine immer wichtigere Rolle ein. Diese grundlegende Revolution wird von einer nicht minder revolutionären methodischen Revolution flankiert. *Vom E-Monolog zum E-Dialog und zur E-Kollaboration* – so lässt sie sich kennzeichnen. Zunehmend organisieren die Lerner ihren Erfahrungsaustausch in *Communities of Practice*, d. h. in Gemeinschaften zum Austausch und zur Weiterentwicklung von Erfahrungswissen. Dabei wählen sie ihre Ziele, Inhalte, Strategien, Methoden und Kontrollmechanismen selbst in einem gemeinsamen Kommunikationsprozess aus.

Kompetenzentwicklung im Netz wird immer wichtiger werden.

2.3 Kompetenzentwicklung in der Praxis

Kompetenzentwicklung via Praxis, Kompetenzcoaching und Kompetenztraining, vor Ort und im Netz, weist eine große potenzielle Methodenvielfalt auf, die bedarfsgerecht in den jeweiligen Lernrahmen verankert werden kann. Über diesen „Ermöglichungsrahmen" kann der Bildungsbereich die individuellen Lernprozesse steuern.

Die Auswahl der einzelnen Methoden liegt letztendlich in der Verantwortung des Lerners, der sich dabei an seinen individuellen Kompetenzzielen orientiert und von seinem Lernbegleiter oder seiner Führungskraft beraten wird. Dabei sind folgende Leitfragen zu beantworten:

Leitfragen individueller Kompetenzentwicklung
- Welche Lernarrangements werden für meine *Zielgruppe* vorgeschlagen?
- Mit welcher *strategischen Zielsetzung* und mit welchem *Arbeitsauftrag*?
- Welches *Soll-Profil* soll angestrebt werden?
- Wie werden meine *Arbeits- und Lernergebnisse* gemessen?
- In welchen *Praxis- oder Projektbereichen (reale Herausforderungen)* soll die Kompetenzentwicklung vor allem stattfinden?
- Soll die Kompetenzentwicklung vorwiegend als *gecoachter Prozess* stattfinden – in der Praxis oder im Gespräch, als Einzelcoaching oder in Lerngruppen, durch Experten und/oder durch Lernpartner (Co-Coaching)?

- Soll die Kompetenzentwicklung mithilfe von *Trainings* im Rahmen von *herausfordernden Projekten* oder *Transferaufgaben* erfolgen?
- Welche *Mittel der Wertkommunikation* wollen wir einsetzen – sprachliche, symbolische oder multimediale?
- Welche Möglichkeiten zum *kollaborativen Arbeiten und Lernen* im Netz und Austausch von Erfahrungswissen (kompetenzorientiertes Wissensmanagement) wollen wir nutzen?

Lernen und Arbeiten wachsen in diesem Prozess am Arbeitsplatz und im Netz zusammen, es entsteht ein *Social Workplace Learning*.[9]

---

[9] Vgl. Sauter und Sauter (2014).

Literatur

Arnold R (2000) Qualifikation. In: Arnold R, Nolda S, Nuissl E (Hrsg) Wörterbuch Erwachsenenpädagogik. Klinhardt, Bad Heilbrunn

Arnold R (2005) Die emotionale Konstruktion der Wirklichkeit. Beiträge zu einer emotionspädagogischen Erwachsenenbildung. Schneider, Hohengehren

Arnold R (2013) Ermöglichen, Texte zur Kompetenzreifung. Schneider, Hohengehren

Arnold R, Erpenbeck J (2014) Wissen ist keine Kompetenz. Dialoge zur Kompetenzreifung. Schneider, Hohengehren

Baran P (1990) Werte. In: Sandkühler HJ (Hrsg) Europäische Enzyklopädie zu Philosophie und Wissenschaften. Meiner, Hamburg, S 805

Berlyne DE (1974) Konflikt, Erregung, Neugier. Klett, Stuttgart

Boshowitsch LI (1970) Die Persönlichkeit und ihre Entwicklung im Schulalter. Volk und Wissen, Berlin

Brinker T (2014) Qualitätskriterien für den Erwerb und die Förderung von Schlüsselkompetenzen an Hochschulen. In: Heyse V (Hrsg) Aufbruch in die Zukunft. Erfolgreiche Entwicklungen von Schlüsselkompetenzen in Schulen und Hochschulen. Waxmann, Münster, S 213–234

Bunge M, Ardila R (1990) Philosophie der Psychologie. Mohr, Tübingen

Erpenbeck J (1984) Motivation, ihre Psychologie und Philosophie. Akademie-Verlag, Berlin

Erpenbeck J, Brenninkmeijer B (2007) WERDE. In: Heyse V, Erpenbeck J (Hrsg) Kompetenzen managen. Münster New York, München, Berlin

Erpenbeck J, Haasebrook J (2011) Sind Kompetenzen Persönlichkeitseigenschaften? In: Faix W, Auer M (Hrsg) Kompetenz, Persönlichkeit, Bildung. Steinbeis, Stuttgart, S 227–262

Erpenbeck J, Sauter W (2007) Kompetenzentwicklung im Netz. New Blended Learning mit Web 2.0. Luchterhand, Köln

Erpenbeck J, von Rosenstiel L, Grote S, Sauter W (3. Aufl. in Arbeit 2015) Handbuch Kompetenzmessung. Erkennen, verstehen und bewerten von Kompetenzen in der betrieblichen, pädagogischen und psychologischen Praxis. Schaeffer Poeschel, Stuttgart

European Commission, Directorate-General for Education and Culture (2004) Towards a European qualifications framework. Brüssel

Festinger L (1957) A theory of cognitive dissonance. Standford University, Evanston

Fraunhofer ISST (1998) Jahresbericht 1998. http://www.isstz.fhg.de/info@polis/nr72/ip-3168.htm

© Springer Fachmedien Wiesbaden 2015

J. Erpenbeck, W. Sauter, *Wissen, Werte und Kompetenzen in der Mitarbeiterentwicklung*, essentials, DOI 10.1007/978-3-658-09954-1

Hacker W (1973) Allgemeine Arbeits- und Ingenieurpsychologie. VEB, Berlin

Haken H (1996) Synergetik und Sozialwissenschaften. Ethik Sozialwissenschaften 7(4):588

Haken H, Schiepek G (2010) Synergetik in der Psychologie. Selbstorganisation verstehen und gestalten. Hogrefe, Göttingen

Heidegger M (1980) Hegels Begriff der Erfahrung. In: Heidegger M (Hrsg) Holzwege. Frankfurt a. M.

Heyse V, Erpenbeck J (2004) Kompetenztraining. Schaeffer Poeschel, Stuttgart

Heyse V, Erpenbeck J (Hrsg) (2007) Kompetenzen managen. Waxmann, Münster

Heyse V, Erpenbeck J, Ortmann S (Hrsg) Grundstrukturen menschlicher Kompetenzen. Praxiserprobte Konzepte und Instrumente. Waxmann, Münster

Hornung R, Mühlhaus O (2005) Personalauswahl und -entwicklung mit Persönlichkeitstests. Hogrefe, Göttingen

Iwin AA (1975) Grundlagen der Logik von Wertungen. Akademie Verlag, Berlin

Klieme et al (2003) Zur Entwicklung nationaler Bildungsstandards. Eine Expertise. Bmbf, Berlin

Klieme E, Maag-Merki K, Hartig H (2007) Kompetenzbegriff und Bedeutung von Kompetenzen im Bildungswesen. In: Klieme E, Hartig H (Hrsg) Möglichkeiten und Voraussetzungen technologiebasierter Kompetenzdiagnostik. Bmbf, Berlin

Kossakowski A (1980) Handlungspsychologische Aspekte der Persönlichkeitsentwicklung. Volk und Wissen, Zützen

Kuhlmann A, Sauter W (2008) Innovative Lernsysteme. Kompetenzentwicklung mit Blended Learning und Social Software. Springer, Heidelberg

Lehrer J (2009) Wie wir entscheiden. Das erfolgreiche Zusammenspiel von Kopf und Bauch. Piper, München

Reinmann G (2009) Studientext Wissensmanagement. Universität Augsburg

Rohs M (Hrsg) (2002) Arbeitsprozessintegriertes Lernen. Neue Ansätze für die berufliche Bildung. Waxmann, Münster

Roth G (2011) Bildung braucht Persönlichkeit. Wie Lernen gelingt. Klett-Cotta, Stuttgart

Sander W (2013) Im Land der kompetenten Säuglinge. FAZ 97:7

Sattelberger T (9. Febr. 2012) Managerausbildung. Die großen Business Schools sind lebendige Leichen. Der Spiegel

Sauter S, Sauter W (2014) Workplace Learning. Integrierte Kompetenzentwicklung mit kooperativen und kollaborativen Lernsystemen, Springer, Berlin

Simonov PV (1982) Höhere Nerventätigkeit. Motivationelle und emotionale Aspekte. Volk und Gesundheit, Berlin

Sokolov EN (1963) Perception and the conditioned reflex. Pergamon Press, Oxford

Teichler U (1995) Qualifikationsforschung. In: Arnold R, Lipsmeier A (Hrsg) Handbuch der Berufsbildung. VS Verlag für Sozialwissenschaften, Opladen

Wahl D (2013, 3. erw. Aufl.) Lernumgebungen erfolgreich gestalten – Vom trägen Wissen zum kompetenten Handeln. Klinkhardt, Bad Heilbrunn

Weinert FE (Hrsg) (2001) Leistungsmessungen in Schulen. Beltz, Weinheim

Sachverzeichnis

© Springer Fachmedien Wiesbaden 2015
J. Erpenbeck, W. Sauter, *Wissen, Werte und Kompetenzen in der Mitarbeiterentwicklung*, essentials, DOI 10.1007/978-3-658-09954-1